100歳の精神科医
が見つけた
こころの
匙《さじ》加減

髙橋幸枝

飛鳥新社

はじめに

おかげさまで、私は今年の11月で満１００歳を迎えます。「長寿ですね」とお声がけいただくことが増えました。そのたびに「私は１００年も生きてきたのだ」と感慨深く、今までのご縁に感謝をする日々です。

私が医師になったのは33歳です。その後、高度経済成長期を迎えて、「暮らしが豊かになると、精神が過敏になる人が増えてくる」と考えた私は、49歳で神奈川県秦野市に精神科を診療科目に加えた「秦野病院」を開院し、院長に就任しました。

現在は「秦和会」という医療法人社団の理事長を務め、病院のみならず、患者さんの共同生活を援助する施設などの運営に携わっています。

たとえば、精神科や心療内科の患者さんを対象としたリハビリ施設や、就労支援施設、デイサービス施設などです。これらの施設は、患者さんに診察室で向き合うだけでなく、「その人生に寄り添えれば」という願いから始まった取り組みです。もちろん施設の運営を通して、私も大きな学びをいただいています。

〝恩送り〟ではないですが、「精神科医として半世紀にわたり、患者さんたちから学ばせていただいたことが、より多くの皆様の生きるヒントになれば」とペンを執った次第です。

「生きるヒント」といっても、むずかしいことではなく、多くの方に実践してもらいやすいことばかりです。

本書で紹介する40の原則は、「やろう」と思えば簡単に実践できることなのですが、ついさぼってしまうこともあります。

そんなとき、私は「やる」か「やらない」か、10秒間考えるようにしています。

その瞬間に心が不安定だと、10秒間の問答がむずかしくなります。
だから、普段から心を穏やかにしておくことが大切なのです。

ではどうすれば、「普段から心を穏やかにしておくこと」ができるでしょうか？
私は「迷いすぎないこと」が肝心だと思います。
そのためには、普段から自分の「ちょうどよい匙《さじ》加減」を知っておくことです。
本書をきっかけに、あなたの「匙加減」を、どうぞ見つけてください。

２０１６年８月

髙橋幸枝

100歳の精神科医が見つけた　こころの匙加減◎**目次**

第2章　暮らしの匙加減

第3章　健康の匙加減

第4章 人づき合いの匙加減

第5章　やさしさの匙加減

第1章　生き方の匙加減

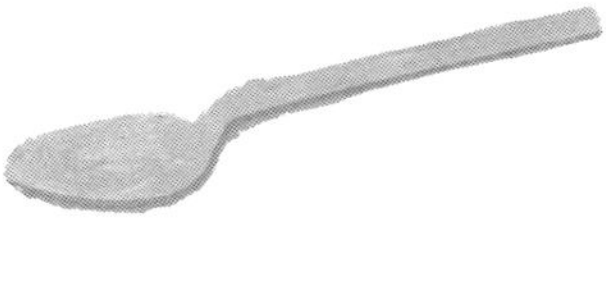

1

人生とは、自分の「匙加減」を見つける旅

どんなことにも適度な塩梅《あんばい》、

つまり「匙加減」というものが存在します。

匙加減は、人によっても大きく異なります。

それらをひとつずつ見極めて、把握していくことが

「生きる」という営みなのです。

本書では、人生のさまざまな「匙加減」について、お話ししてまいります。そもそも匙加減とは繊細で、むずかしさがつきまといます。そのうえ、人それぞれ微妙に異なってもくるため、二重に複雑になります。つまり、匙加減をうまく見極めようと思っても「お手本」などはなく、誰かを真似ることもむずかしい。けれども、自分軸が１本しっかり貫かれていると、言動も一貫してくるもの。匙加減だって、一度把握できると悩んだりすることがなくなります。

まずは、私が常に感じている匙加減のむずかしさについて、打ち明けさせてください。

近年、日本人の２人に１人が、がんで逝く時代となりました。がん患者さんへの心のケアが、ますます大切になってきました。

私が若い頃は、治療法もまだ少なく、「がん＝死」というイメージが強かったように感じます。そのためか、「がん告知」は、今よりデリケートな問題でした。

医師の仲間に聞いた話ですが、昔は「患者さんご本人に、がん告知をしない」というのが〝常識〞でした。

医師は、患者さんのご家族と綿密に打合せをして、「いかに本人にがんであることを悟らせないか」、心を砕いていたそうです。

今では、患者さんご本人にきちんとがんの種類などについて説明をして、治療方針を決めるのが〝常識〞です。もっとも、それはがんの治療法が進歩したことの裏返し。昔と比べると「ありがたい」と言うべきなのかもしれません。

けれども、いくら「時代が変わって医療が進んだ」と言われても、「がん」と診断されれば、やはり不安や恐怖を伴う大きなストレスになると思います。

知人が「がんの治療を10年続けてきたけど、大きくもならず、特別変わりないので、薬も治療もやめたの」と話してくれました。

私はがん治療が専門ではありませんが、知人の気持ちは勇気ある素晴らしいものだと感じました。十分に考えたうえでのことだろうと思い、「病気と仲良くすることね」と話したことがあります。

がんに無闇に抗《あらが》わないことで、がんが静かになるかもしれません。がんと仲良く生きることも大切ですし、患者さん自身の気持ちも楽になるものと考えます。

精神科の治療においては、「苦しみをよく聞いてあげること」が何より大切なのだそうです。たしかにそれは、医学的には正しい態度なのでしょう。

でも実際のところは「苦しみをよく聞いてあげる」だけでは、足りないのです。


昔の人は、よく「匙加減」という言葉を使いました。

元来、薬の量を測るときに用いた言葉が転じて、あらゆる場面で使われるようになったようです。

「心の匙加減ほど、むずかしいものはない」

１００歳を迎える今も、心は百人百様である、そう痛感しています。

2
美しいものは苦しみを紛らわしてくれる

不幸の渦中《かちゅう》にいるときは、
苦しいことにしか目が行かないものです。
そんなときほど、意識的に視点を変えてみましょう。
世界は、あなたが見たことのない美しさに、
まだまだ満ちあふれています。

Ｉさんという40代の男性患者さんがいました。彼は80キロはあろうかという堂々たる体躯《たいく》の持ち主です。秦野病院に入院しながら「院外作業」として勤め先に通うという生活を、数か月続けていました。

ある寒い日のこと。院内ですれ違ったＩさんに「毎日寒いから大変ね」と声をかけると、意外な言葉が返ってきました。

「苦しきことのみ多かりき、です」

屈強なＩさんがそんな言葉を口にするので、私はびっくりしてしまいました。

Ｉさんは毎日職場に出かけていたのに、昨日からお休みをしているということで気にかけていた矢先のことでした。

Ｉさんによると、うちの病院から職場に通っていることで、同僚からさまざまなことを言われるようでした。彼は「皆に馬鹿にされるんです」と訴えます。

ですが普通に考えて、病院から通勤している人に、あからさまな批判や文句を投げつける人が、そう多くいるとは思えません。Iさんの職場は、彼の病気に理解があると聞いたこともあります。私はこんな言葉をかけました。

「あなたのことを、誰も馬鹿にはしていないと思うけれど、そんなに『苦しきことのみ多かりき』なら、少し休んだら？　あなたの会社の専務さんも、以前あなたのことを褒めていたし、ぜひ仕事を続けてほしいと話されていたわよ」

それからIさんは、気持ちを取り戻したのか、翌日からまた黙々と職場に通うようになりました。

私は、Iさんの「苦しきことのみ多かりき」という言葉が心に残りました。


私は新潟県の新潟市に生まれ、高田市（現・上越市）という日本有数の豪雪地帯に小学生のときに引っ越し、高等女学校を卒業するまでそこで育ちました。

若い頃の私にとって、苦しきこととは「雪」そのものだった気がします。

「恐ろしい雪、大嫌いな雪」といった気持ちは、年を重ねてもなかなかぬぐい去ることができません。そんなことを思いながら、その日は眠りにつきました。

翌朝、なんと秦野に雪が積もりました。

少女時代はあんなに嫌いだった雪。ですがその日の雪景色は、さわやかで、清らかで、美しいものに感じられたのです。

「スイスの山みたい！」

私は思わず外に出て、雪を踏みしめました。雪の非日常的な美しさに、「苦しきことのみ多かりき」だった雪の思い出は、心の隅に追いやられてしまったのです。

人生で苦しいことが続くと、「楽しい」などと感じられなくなることがあります。

Ｉさんも、今はそんな状態なのでしょう。

でもそのような精神状態は、何かのきっかけで急に回復することがあります。

非日常的なものや、美しいものを見ることで、心の風景ががらりと好転することもある。そんな法則をぜひ覚えていてください。

3 他人を気にしすぎると結局損をする

純粋で心がきれいだったり、
周りにやさしい人ほど、
他人の一言一句に心を乱されがち。
もう少し、「自分にやさしい匙加減」で、
うまく受け流していきませんか。

私は左利きです。おかげで幼少から余計な気遣いを強いられてきました。
3、4歳になって、お箸《はし》を持ち始める頃。
家族以外の人が集まるところに行くと、「左利きなのね」と声をかけられるのがお決まりでした。

不思議なことに、ひとりがそう気づくと、周りも同じように「さちえちゃんって左利きなんだ、ワァー！」と逐一反応するのです。その瞬間の恥ずかしさ、情けなさ、悲しさといったらありゃしませんでした。

あまりに悔しく恥ずかしい思いを重ねた私は、お箸とペンは訓練を積んで、なんとか右手で持てるようになりました。

けれども、それ以外は左利きのまま。楽しいことばかりの10代になっても、私の〝左利き劣等感〟は、凝り固まったままでした。

とくにつらいのは、テニスや卓球などの対戦式の競技です。

対戦相手に必ず「あら、左手でラケットを持つのね」と言われてしまうのがいやで、誘われても「私はできないから」と断わってしまうこともしばしばでした。

そのために運動の楽しさを味わうことができなかったと思うと、100歳になる今でも残念で、自分の狭量《きょうりょう》さが悔やまれてなりません。


30代にさしかかり、世の中のことがだいたいわかって、少し厚かましく生きられる時代になっても、私の左利き劣等感はぬぐい去ることができませんでした。

やがて社交辞令を言われる側の立場になった頃、私はようやく人様の言葉の「空疎」な一面に敏感に気づけるようになってきたのです。

子どもの頃とは大きく異なり、いい歳になると「左利きなのですね」という決まり文句のあとに「左利きの方は器用でいらっしゃるそうですね」などというお世辞をつけられるようになってきたからです。

そして、そのような声をかけてくれる人に「他意はない」と気づくと、左利き劣等感は嘘のように消えうせ、社交辞令を笑顔で流せるようになったのです。

このような〝左利き〟にまつわる体験は、専門的に言うと「ノイローゼになっていくプロセス」とどこか相通じているものがあるように思います。

他人様が私に投げかける「左利き」という指摘には、ほぼ何の意味もなく、会話の単なる潤滑油でしかないことが多いものです。

ましてや悪意やさげすむ気持ちなんて、一切ない。

そのような「他人様の何気ない言葉」を逐一真に受けていた私は、なんと若かったのかと今にして思います。よく言えば、純粋であったのかもしれませんね。

この話は、コンプレックスを抱えるあらゆる方にきっとあてはまるはずです。

もし、今のあなたに何かお悩みがあるならば。

「他人様の何気ない言葉など、無責任なものだから、気にしなさんな」

そうお伝えしたいと思います。

4
あらゆる不幸は
人と比べることから始まる

自分と周囲を比べてしまうのは本能です。
でも、人様と自分を比較する際は、
自信を失わない程度にとどめたいもの。
かくいう私も、ちょうどよい匙加減を
まだまだ探っているところです。

人は誰でも、自分と他人様とを比べつつ、身を処していくものです。周りの様子をうかがいながら、果たしてどの程度まで自分自身を軌道修正していくのか。それは大きな問題で、死ぬ日までその〝バランス感覚〟を磨き続けていくような気がします。

「人と自分を比べすぎる姿勢」も、反対に「人のことは一切気にしない姿勢」も、ちょっと問題です。

私も精神科医ですから、そんなことは頭ではわかりきっているはずなのですが、まだ人間ができていないため、バランスが大きく傾いてしまうこともあります。

30年ほど前のことです。

医師で研究者をしている友人Tさんから、「最近、研究書を出版した」と、立派な本を贈られたことがありました。Tさんは、毎日忙しい外来で診療を受け持ちながら、執筆活動も並行されていたのでした。

私はかねてより彼女の医師としての繁忙ぶりは聞いていたので「どうすれば、忙しい中、本を書く時間をひねり出せるのか」と衝撃を受けました。

折悪しく、受け取ったのは秦野病院会報誌の原稿の締め切り前のことでした。ただでさえ私は遅筆です。「筆が進まない」というところに、Tさんからの献本があったものですから、私は「書くこと」への自信を一層喪失してしまいました。会報誌の発行は、かれこれ何年間も続けている活動です。作業的には膨大な時間を取られることもないですし、書くことには慣れてもいるはずです。ところが、「書く材料さえ浮かんでこない」というスランプに陥ってしまったのです。

自分の心を見つめてみると、1日に何度もTさんの才能と努力に感心することを繰り返していることに気づきました。

「Tさんは忙しい中、分厚い研究書を書いているのに、私は病院の会報誌の原稿すら書けない……」

そのときは、「自己劣等感からくる自信喪失に該当するうつである」と自己診断をすることができました。もっとも「うつ」と言っても非常に軽く、その手前の「抑うつ状態」とも言えるかもしれません。

そのような状態から抜け出すには、「自分ができること」をひとつひとつ着実にこなして、自信を回復させていくしかありません。

たとえば、掃除や洗濯、自炊などをきちんと行ない、「私だって、やればできるのだ」と低い目線から自分を肯定してあげることが重要です。

もしそこで、「私はＴさんより劣るのだ」と自暴自棄になってしまった場合、やがて体を動かすこともいやになり、自分の顔さえ洗えなくなってしまいます。

実際、私は診察室で、そのような患者さんたちによく接してきました。

自分と人とをどうしても比べてしまう場合は、手を動かすようにしましょう。

そして、自分がたやすく成し遂げられることに取り組んでみてください。

5 執着しすぎると本当に必要なものを見失う

昨日まで「黒」だったものが、
一夜で「白」に変化してしまう。
そんな理不尽なことが起こるのも、世の常です。
過去に執着ばかりせず、できれば今を大切に、
楽しみながら生きていきませんか。

私たちは精神科を併設した秦野病院を50年、つまり半世紀もの間、懸命に運営してきました。それは、気の遠くなるような長い長い時間でした。そこから得た教訓について、お伝えしておきたいと思います。

それは「絶対というものはない」という事実です。

人間が生きていくということは、社会や時代に沿っていくということです。

そのため、特定のものごとに「執着する」と、疲れてしまうことがあります。

できる限り柔軟に、臨機応変に対応していく姿勢が重要なのです。

病院というのはそもそも、医療機関の中でも、公的な規制が多く、また干渉が非常に厳しいところです。私たち運営側には理想や理念があり、最高の医療やサービスを提供したいとは思いますが、まずは「決まり」を守らなければなりません。実際は、それだけでかなりの労力を費やすことになります。

厄介なのはその決まりが、時代によって１８０度変わることもある点です。

たとえば、私たちが開院した当時は、「重度の精神病の患者さんにとっての最高の治療は、隔離すること」という通念がありました。そのため、病棟は閉鎖的な構造で、患者さんを手厚く囲い込むという形が一般的だったのです。

ですから、患者さんが「逃げる」といった〝事件〟がよくありました。逃走した患者さんを探すことが、私たちの主要な仕事のひとつでもあったのです。

もちろん、患者さんが無闇に「逃げたい」という心情に追い込まれないよう、人間関係を緊密にしていくことも重要な課題でした。


年月が流れ、向精神薬の研究開発が飛躍的に進むと、薬の効果で良くなるケースが増え、従来の精神科の治療スタイルががらりと変わりました。そのため、「精神科の病棟は、より開放すべき」「長期入院は不要」「治療は入院より、通院で」という方針が国から打ち出され、私たちも従うことになりました。

このように方針が大きく変わるときは、現場は少なからず影響を受けます。

たとえば、本来は入院していたレベルの患者さんが、通院治療に切り替えたゆえに、事件や事故を起こしてしまうという例もありました。

このような問題を見るにつけ、「絶対の正解」はないのだろうと思えます。

また、「今まで正しい」と思って実践してきたことに対して、突然「正しくない」と烙印《らくいん》を押され、方向転換を余儀なくされることは、実は人にストレスを与えます。心を守るためには「執着しすぎない」という姿勢も大切になってきます。

私にとっては「病院を続けていく」ということが人生の第一目的でしたから、規制がどのように変わろうとも、否応なく従わざるをえませんでした。病院経営そのものができなくなることは、何より困ることだからです。

「ものごとにどうしても執着してしまう」という方は、「自分が最も優先すべき目的は、ほかにないか」と確認してみてください。

「○○のために、ここは潔くあきらめよう」と執着をうまく手放せるでしょう。

6

自分のなすべきことをやり通す覚悟を持つ

どんな人にだって、それぞれ異なる
「お役目」というものが与えられています。
自分に与えられたお役目を自覚して、
日々尽力していくことこそ、
「よりよく生きること」につながります。

私の人生は、「医師」という道をひたすら愚直に歩んできたようだと感じます。医師を目指すきっかけは遅いほうだったと思いますが、その道に入ってからは脇目もふらず、ただその道を邁進《まいしん》してきました。

「１００歳になってもなぜ、頑張ることができるのですか？」と人様からよく尋ねられます。きっと、自分の仕事を「使命」ととらえているからでしょう。「もともと商才があったから経営が上手」などとお世辞を言ってくださる方もいますが、実際のところは山あり谷ありで、とんでもない話です。

さらに言えば「生まれつき頭がよいから、すんなり医師になった」というわけでもまったくないのです。私の人生を少し振り返ってみましょう。

私は新潟県立高田高等女学校を卒業後、東京に出て職業婦人を目指しました。叔父が運良く海軍省にいたので、つてを頼り、タイピストとして働かせてもらうことになりました。

しばらくして、思いもかけず「中国・青島《チンタオ》へ渡らないか」という話が巡ってきます。好奇心旺盛だった私は、「挑戦したい！」と青島行きを決断したのです。その後、青島の居宅の近所にキリスト教の教会があり、同居していた妹・芳枝らと通い始めます。

そこで偶然、日本人牧師・清水安三先生と出会い、私の人生は大きく舵を切ることになります。

清水先生は当時北京で、貧しい子どもたちへの慈善や教育の活動をされていました。たまたま青島に布教に来られていた清水先生のお話に心を打たれた私は、北京行きを志願し、清水先生の秘書的な業務にあたるようになりました。

ところがあるとき突然、清水先生が私に「医師になったらどうだろう」とすすめてくださったのです。たしかに北京では医師が不足していました。そのような事情を知った私は、医師になることを決意したのです。

そのときすでに27歳でしたが、受験勉強をこなし、福島県立女子医学専門学校に合格。その後は国家試験にも合格し、医師免許を取得することができたのです。

今の時代でも、「27歳から医師になる」という目標を立てて成就させる方は、少数派であるはずです。けれども私は、そんな常識には引きずられませんでした。

それは、清水先生の言葉を「チャンス」と受け止められたからです。

そして頑張りが報われ、約10倍の競争率を突破して学校に入学できました。

このように、私は医師としては極めて遅いスタートを切りました。そして小さな診療所から始めて、100床超の病院を運営するに至りました。それは苦しい時期でも、なすべきことを丁寧に、積み重ねてきた結果だと考えています。

自分がなすべきことは、誰にでもあるはずです。大それたことでなくてもかまわないのです。それを見つけて、愚直に毎日続けていきましょう。

犬の散歩やウォーキング、もしくは食事をつくることでもよいのです。

7
みんな、「最初の一歩」が怖いだけ

「最初の一歩」という言い回しは、よくできた日本語です。
私は、実際に「最初の一歩」が大切なのだと身をもって痛感したことがあります。
ここぞというときだけでも、
勇気を「山盛り」にできればいいですね。

振り返れば、長い歳月を生きてまいりました。

齢90を過ぎてから実感できた人生の法則があります。

それは「最初の一歩さえ踏み出せれば、あとは勢い」というものです。

さまざまな本を見ておりますと、「どんなことでも最初の一歩さえ踏み出せればうまくいく」などと、よく説かれているものです。

この教えの中の「最初の一歩」というのはおそらく、比喩的な意味で使われている言葉でしょう。

ですが、私は実際に自分の足で「最初の一歩」を踏み出して、首尾よくいったという経験をしたことがあります。

私の自宅は病院に隣接した建物の3階にあります。

92歳のとき、ベランダから部屋に入ろうとして窓の桟《さん》につまずき、大腿骨を骨折するという事故に見舞われました。

手術の翌日からリハビリを始め、おかげで1か月足らずで平らな場所であればなんとか歩き回れるまでに回復することができました。

ところがその後、「階段がまったく昇れない」ということに気づいたのです。

わが家は3階にあり、自宅前の51段の階段を昇らないことには、家の中に入れないという構造になっています。

エレベーターなどもありません。

つまり、階段の昇降ができない限り、病院にも顔を出せないということになってしまいます。

いったいどうしようかと、私は悩みました。

それまでは無意識にスタスタと昇り降りをしていたはずの階段ですが、手術を終えてその前に立ってみると、不安や恐ろしさがこみ上げてくるのです。

私は元来、どのような逆境や困難にぶち当たっても、「やってみよう」と前向きにとらえていけるほうです。

しかしながら、そのときばかりは、さまざまな危険ばかりが頭をかすめ、怖くて怖くて手すりにつかまる手が汗ばみました。

手すりにつかまったまま、そこに立ち尽くしているわけにはいきません。

（階段を昇らない限りは、自分の部屋に戻れない。頑張ろう）

心の中でエイヤッと大きなかけ声を上げました。

すると、ようやく私は右足を階段の1段目にかけることができたのです。

体はふわりと宙に浮き、地面から1段目へと重心はひとりでに移っていました。

そして不思議なことに、私の左足が自動的に反応してくれて、2段目にも足をかけることができたのです。

続いて3段目、4段目、5段目……。

まるでスローモーションのように、私の体はゆっくりと階段を昇り始めていました。

最初の一歩さえ踏み出すことができれば、あとはほぼ自動的に「勢い」がついて、首尾よくいく。自分の体をもって、そう感じることができました。

今思い返しても、それはまったくもって不思議な体験でした。

私はとくに神様などを信じているわけではありません。でも、目に見えない大きな力が降りてきて、私の背中を後押ししてくれた。そんな気さえしています。

このような僥倖《ぎょうこう》に恵まれるのは、きっと私だけに限らないはずです。

最初の一歩を踏み出そうとするすべての人に対して、後押しをしてくれる神様のような存在が、もしかしたらいらっしゃるのではないでしょうか。

そんなことまで、ついつい夢想せずにはおられません。

8
暗いトンネルの中では自分に期待をして過ごす

人生は山あり、谷あり。
しんどくてつらい時期は
「今はトンネルの中」と思えばよいのです。
前向きな気持ちで心を満たせるよう、
自分で匙加減ができる人を目指しましょう。

数年前にうつ病の治療を終えて退院していったKさんが、経過観察のため外来を受診されました。久しぶりに会った彼は、以前とは別人のように晴れやかな表情でした。新しく得た仕事も順調だと言います。Kさんはこう話してくれました。

「『長い長いうつ病の時期を、自分は通り抜けることができたんだなあ』と、最近よく感じます。先生、うつ病ほど苦しいものはありませんね。具合の悪い時期、私は本当に苦しかった。

心の病気って、血が出るわけでもないし、傷が見えにくいから、ほかの人には苦しさが伝わりにくいのです。でもうつ病は、本当に苦しいのです。

こんなことを言うと怒られるかもしれないけれど、『うつ病がもし治るなら、私の手足を神様に差し出してもいい』と何度も思いました。『それでも足りないなら、私の目が見えなくなってもいい』、そう考えたことさえありました」

Kさんの言葉に、私は頭を殴られたような衝撃を受けました。

「うつ病がもし治るなら、手も足も目もいらない」

そこまで思い詰めたＫさんの苦しみを想像すると涙があふれそうになりました。

私には、よく口にしてしまう言葉があります。

それは「あなたの気持ちはわかるけれど」というものです。

Ｋさんに対しても言ったことがあるかもしれません。

「苦しい渦中にいるＫさんの気持ち、私は本当にわかっていたのかしら」

私は思わず自分を責めてしまいました。


Ｋさんは退院後、しばらく経ってから「長い長いうつ病の時期を、自分は通り抜けることができたんだなあ」と振り返ることができるようになりました。

入院中のＫさんは、明るい展望を持つことがむずかしかったのでしょう。

また病院のスタッフも、薬などの医療も、Ｋさんに明るい展望を持たせてあげることができませんでした。

そう思うと、無力感にさいなまれます。

でもKさんはその後回復し、退院して仕事に復帰するまでになったのです。

苦しい時期というものは、永遠に続くわけではありません。苦しい時期を過ぎれば、明るく楽しい時期もやってくるものです。それが人生の法則です。

もちろん、苦しい渦中にいるときは、なかなか希望を持てないもの。

ですが苦しいときこそ、希望を持たなければなりません。

Kさんは退院後の新しい職場で、無遅刻無欠勤。「工場の仕事は楽しく、同僚もいい人たちばかりで、働くことがとても楽しい」と微笑んでくれました。

その笑顔を見ていると「人は誰にでも、自力でトンネルを抜ける力がある」と感じずにはおれませんでした。

もちろん、トンネルの中にいる時期は、誰だって苦しいもの。だから、「トンネルの外の明るい景色を想像する力」を鍛えていけばよいと思うのです。

9
死にたくないのは、みんな同じ

「老い」や「病気」、「死」が怖くない人など、
この世にいません。
そう思えば、不安はふっと和らぎませんか。
マイナスの感情とつき合う匙加減について、
考えてみましょう。

年齢を重ねて、死生観について問われることが多くなりました。ズバリとお答えしたいところなのですが、死についてはよくわかりません。実際にあの世を見てきたわけではないですし、仕方がありませんね。とりたてて信仰などがあるわけでもありません。お恥ずかしいのですが、私の死生観は「体調次第でコロコロ変わる」というのが実際のところなのです。

私は元気なときには「老齢だからいつ死んでもよい」と威勢よく話しています。でも、「長生きなんてしなくていい」「死ぬことなんて怖くない」などと言いながら、血圧の薬をきちんと飲んだりはしているのですから矛盾していますね。

やはり、私にも「できるだけ死を遠ざけたい」という気持ちは、無意識下では強くあるようです。

「私にも生きることへの執着が強くあるのだな」と実感するのは、体調を崩したときです。

たとえば、風邪や発熱に見舞われたときは「大丈夫かしら」と不安になります。歳を重ねるにつれ、そのような時間はおのずと増えるようになりました。そして「生きることとは、不安と共生しているようなものだ」とつくづく思うようにもなりました。

私は「不安」という気持ちが出てきたとき、それがまるで生き物であるかのように感じます。

そして「不安をうまく飼いならし、手なずけていければいいなあ」ととらえています。

「生老病死」という言葉があります。仏教の言葉で「生まれること」「老いること」「病むこと」「死ぬこと」という、４つの苦しみを指します。

とくに「老い」「病気」「死」への不安というのは、中高年以降にとっては大きな問題であることでしょう。

これらの不安に苦しめられないためには、それよりも大きな「生きる喜び」を感じるようにするのが早道です。

では、生きる喜びとは、いったいどのようなものでしょう。

それは、誰かに与えられることを待っているのではなく、自分から積極的に見出していく性質のものです。

たとえば植物や動物と語り合い、なるべく自然を取り入れた暮らしを送ること。

そこで、「自分も自然の一部である」と感じること。

仲間と過ごす時間を大切にすること。

そこで、「自分にもわかり合える仲間がいる」と感じること。

つまり「ひとりぼっちではない」と感じたときに、生きる喜びは湧いてきます。

そして、生きる喜びがあれば、「老い」「病気」「死」への不安など、はるかに凌駕《りょうが》することができるはずです。

第2章　暮らしの匙加減

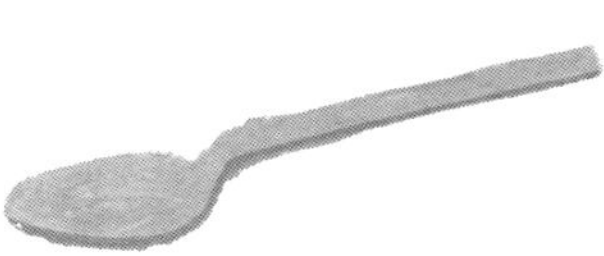

10
家電製品くらい、自分で操りなさい

「興味の範囲」が狭まってくるのは「心の老い」のサイン。
意識をして視野を広げたり、
考え方を変えるように努めてみましょう。
「いい歳をして、好奇心が強すぎる?」なんて、
匙加減を気にすることはありません。

ある年代を過ぎた頃から、健康法や心の保ち方について、さまざまな方から聞かれるようになりました。

最もよく尋ねられるのは、この質問です。

「髙橋先生の〝若さ〟の秘訣は何ですか？」

聞くところによると、今は「アンチエイジング」なる言葉が流行していて、心身の〝若さ〟を保つことに、皆さん並々ならぬご興味がおありのようですね。

残念ながら、私自身は「若くありたい」などと目標を掲げて過ごしているわけではなく、とくに「これが秘訣です」といえるようなことは見当たりません。

強いて言えば、「〝いろいろなこと〟をすると毎日が楽しくなりますよ」というところでしょうか。

つまり「日常のあらゆることを、できる限りほかに頼らずに自分の力でやる」という方針を立ててみるのです。

一度試していただきたいのですが、いったんこの方針を実践し始めると、日常生活は途端に忙しくなります。

たとえば、最も手間がかかることといえば「料理」です。私は今、三食を自炊しています。買い物は週に一度、姪っ子に甘えて近所のスーパーまで車で連れていってもらい、まとめ買いをしています。

もちろん、特段凝った料理をつくるわけではありません。自分の好きなおいしいものですが、やはり三食自炊するとなると、それなりに作業量は多く、段取りを考えることも必要になります。

ですが、そのような作業や、段取りに追われるおかげで、脳味噌はフル回転。気忙《きぜわ》しくなりますが、楽しくもあります。

これは、暮らしの中で簡単に実践できる、最高の脳トレになります。

さらに言えば、手や頭を動かすことで、思いわずらう暇だってなくなります。

この考え方は、精神科の治療のひとつ「作業療法」に近いかもしれません。

「考えても詮ないことを、日がな一日考えてしまう」という方は、自炊に精を出してみてください。暮らしに張り合いが出て、思いわずらう瞬間が減るはずです。

人間とは暇があるからさまざまなことを考えてしまうのです。

「悩みがある」ということは、言い換えると「悩むほどの時間に恵まれている」という状態にほかなりませんから。

また、あなたが頭や心をいつまでも若々しく保ちたい場合、自炊のように決まりきったことを続けるだけではなく、未知のことに取り組むことも大事です。

何歳になっても、新しいことやはじめてのことに挑戦してみるのです。

たとえば、私がよくおすすめしていることのひとつに「新しい家電製品に触れる」ということがあります。

新しい家電の初期設定を、独力で行なうのです。

はじめて見る家電の取扱説明書を熟読して、操作してみる。その間、誰にも頼らない。これも非常によい脳トレになります。またドキドキワクワクすることで、心も若返ることでしょう。

ほかには、大好きな趣味に没頭することも大事です。これについては、またあとの項目でお話しさせていただきましょう。

年齢を重ねると、「もう私には〇〇しかできない」「しんどいから、△△はやめておこう」、そんな考え方になっていくのは、自然の理です。

でも、そこで少し抗って「いろいろなこと」に手を出してみる姿勢が重要なのです。もちろん失敗もあるかもしれませんが、小さなことはお気になさらず……。

自分の興味や、やりたいことの範囲を広げていくと、心躍るような瞬間は飛躍的に増えていきます。そのような瞬間を積み重ねていくことが、私流のアンチエイジング術なのかもしれません。

11
80代でも新しい趣味は始められる

「若い頃から慣れ親しんできた」
そう言える趣味は貴重なものですね。
けれども、「人生の年輪を重ねてから、
ようやく出合えた趣味」というのは、
なんと愛おしい存在でしょうか。

生きていくうえで趣味があることは、とっても大切なことです。

時間を忘れて集中できて、評価や見返りにとらわれずに頑張れる。

そのような趣味に巡り合えただけでも、十分に幸せなことでしょう。

ときどき、次のような反論を投げかけられることがあります。

「先生、もう私は○歳です。今から新しい趣味を始めるなんてしんどいです」

そのたびに私は、自分の経験談を持ち出して、説得を試みるようにしています。


私は80歳から「水彩画」を習い始め、さらに90歳から「数独」という数字合わせのパズルを趣味として始めました。

とくに反応をいただくのは、水彩画を趣味として続けていることについてです。

最初に水彩画に取り組んだのは、80歳のときでした。絵を見るのが好きということもあり、一念発起して水彩画の通信教育を受講しました。

通信教育では、課題に沿った絵を描いて送ると、添削をしてくださいます。

ほんのひと言でもお褒めの言葉が書かれていると、それだけで「また描こう」とやる気が出るものです。

添削システムで、自信をつけてもらった私は、ついにカルチャーセンターの絵画教室に通うまでになりました。

月に2回、ほぼ〝皆勤〟で通い、92歳で骨折するまで通いました。

伴走してくれる師匠や、励まし合う仲間がいると、趣味というものは続きやすいのかもしれませんね。

私の通信教育の絵の講師は、お顔も、またお名前すらも存じ上げない方でした。それでも、「送った作品を親身に添削してくださっている方がいる」と思うと、頑張りがいを感じられるのです。

心というのは不思議ですね。たとえ匿名の人でも「誰かに応援されている」と確信できたとき、自分ひとりのときより、大きな力を発揮できるものなのです。

また、私にとって「水彩画を描く」ということは「対象物を見つめる」ということと同義です。

花の絵を正確に描くためには、花をよく観察せねばなりません。花を見るたびに「花びらはこのような形をしていたのか」と新しい発見があります。

少しずつ姿を変えていく植物の生命力に、感動もさせられます。

つまり、「水彩画を描く」という趣味を通して、絵を完成させるだけではなく、花から多くの贈りものを得ているのです。

絵を描くお仲間の方が、こんなことをおっしゃっていました。

「美しいものを見ると、脳のある部位が刺激されるのかもしれませんね。私も絵を描くときは、脳から何か快感物質が出ているように感じますから」

私もそう感じます。そして水彩画という趣味には本当に感謝しています。

あなた様もどうぞお好みに合った趣味と巡り合われますように。

12 すべてがうまくいく「朝の儀式」

決まりきった単調な「型」が、
生活リズムを整えてくれることがあります。
反対に「型」がないと、1日のペースは崩れてしまいがち。
朝は集中力を最大限に発揮して、
テキパキと「型」をこなしてみましょう。

よりよい人生は、よりよい毎日を積み重ねることで実現させることができます。

では、いったいどうすれば日々を充実させることができるのでしょうか。

1日を充実させるのは、実は簡単なことです。

「朝」をきちんと意識的に過ごせばよいのです。


「意識的に過ごす」とは「朝の儀式」、つまり「やるべきこと」をあらかじめ決めておいて、それらを完遂していくことを指します。

儀式といっても、決して大がかりなことではありません。ごく一般的な生活習慣です。

よほど体調が悪いとき以外は、一連の儀式を必ず実行するようにします。すると心身の目覚めが促されて、体が活動的になるボタンが押され、1日の活動がスムースに行なえるようになります。

朝の儀式とは次のようなものです。

【儀式①】毎日定時に目を覚ます
【儀式②】寝床の中で、その日の予定など、楽しいことを思い浮かべる
【儀式③】朝日を全身に浴びる
【儀式④】新聞を読む
【儀式⑤】簡単でよいから朝食をとる
【儀式⑥】身なりを整える
【儀式⑦】深呼吸をする

これだけの作業で、充足した1日が過ごせることは、請け合いです。

もちろん、これらをあえて行なわない日もあってよいのです。

たとえば、「今日は予定がないから、好きなだけ寝ていよう」「朝食は抜きで、昼食と一緒でいい」「新聞をゆっくり読もう」……。

休日などは、思いっきりのんびり過ごすことも大切でしょう。

さて、ご参考までに私の平均的な朝の様子について、お話ししてみましょう。

毎日、5時40分に目を覚まします。

診察がある日は、その日の流れを頭の中でざっとなぞります。

夕食は何を食べようかしらと、冷蔵庫の中の常備菜がちらりと頭をかすめることもあります。

カーテンを開けて朝日を浴びます（冬場であれば、まだ暗いこともあります）。

そして、朝食の準備をします。


朝食は毎日同じメニューです。果物ジュース1杯とヨーグルトとパン1枚です。同じ献立と決めているので、買い物や準備の際に迷うことはありません。

次に身支度を整えて、白衣を着ます。白衣を着ることで、心の中は完全に「仕事モード」に切り替わります。自宅の階段を降りたところで深呼吸して、後ろにそびえる丹沢山地と富士山を眺めます。

私の場合、「病院に定時までに出勤する」ということが定まっているため、その時刻から逆算して、テキパキと行動せざるをえない面もあります。

もし「毎日、決まって通う場所がない」という場合は、ご自身でルールを決めるとよいかもしれません。

たとえば、次のようなルールです。

「毎朝、孫を幼稚園に送っていく役目を買って出る」
「毎日、朝９時の開館に合わせて図書館に通う」
「週に２日は、朝からゴミ拾いのボランティアに出かける」

朝からテキパキと過ごせば、夕方頃には心地よい疲労を感じ、夜は疲れてぐっすり眠れるはずです。

朝時間の充実は、１日を実りあるものにしてくれるうえ、快眠にも影響するのです。

13
テレビほど、〝やさしい伴侶〟はいない

好きなテレビ番組があるならば、罪悪感を抱かずに大いに楽しんでください。

もし「観たい番組がまったくない」という場合でも。「認知症対策」として、ニュースなどを流しっぱなしにすることは有益です。

「テレビの効用」というと、驚かれる方もいらっしゃるかもしれません。年配の方の中には、「テレビなんて低俗である」といったイメージをお持ちの方も少なくないようです。

もちろん、一部のバラエティー番組などに関しては、たしかに目を背けたくなるようなものがあることも事実です。

ですが観る番組さえ選べば、そして節度あるつき合い方をすれば、人生の壮年期を過ごす私たちの味方になってくれることは間違いありません。

私自身はスポーツを観るのが大好きです。野球やテニス、サッカーの試合の中継があると、テレビの前で手に汗を握りながらずっと観戦しています。「今の動きはいい！」「うまくいった！」などとひとり言を口にしていることもしばしばです。

このようにテレビを観ることで、ひとり言が飛び出すほど精神活動が活発になり、ドキドキワクワクできるというのは、非常によいことです。

「テレビというのは現実ではなく、仮想化されたもの」と言う人もいます。しかし、たとえ仮想化されたものであっても「心が動かされる」という機会は、多いほうがよいのです。

とくに年齢を重ね、ひとり暮らしになってくると「心が動かされる」ことが極端に減りがちです。人間の体には「使わなければ廃《すた》れる」という大原則がありますが、「心」も同じ。使わないとどんどん錆《さ》びていくので注意が必要です。

また、テレビがついているだけで、私は「人のぬくもり」を感じることがよくあります。そこから聞こえてくる声に対して、心の中で無意識のうちに「そうね、そうね」と共感したり、「それは大変！」と驚いたり。

生身の人との会話と変わりない精神活動が行なわれているようにも感じます。

このようにテレビは、人生のひとつの慰め、そして楽しみになってくれます。

そして、「知る意欲」や「よりよく生きる意欲」を刺激してもくれます。

テレビから発信される前向きなメッセージをうまく利用して、心を活性化させていきましょう。ひいては認知症の予防にもつながります。

テレビが優れているのは、観る人に主導権がゆだねられている点です。ですから、好もしい番組だけを選んで観ればよいのです。

たとえば私は、情報番組や報道番組は好きなのですが、なぜかクイズ番組には食指《しょくし》が動きません。「答えられなかったらストレスが溜まる」ということもありますし、「番組全体の雰囲気についていけない」と感じることもあります。

そんなときは、テレビを消してしまってよいのです。「自分でつき合い方を自由に決められる」なんて、これほど理想的なパートナーがあるでしょうか。

テレビとよく似たものとして、ほかにラジオもありますね。暮らし方に合ったメディアと、ぜひ仲良くしてみてください。

14

さみしくなったら、緑を育ててごらんなさい

植物は暮らしに潤いを与えてくれます。
なるべく手間のかからない鉢植えの植物を選んで、
一緒に過ごしていきましょう。
緑色の植物は目にもやさしいうえに、
あなたの心まで穏やかにしてくれます。

人生に疲れたり、寂しさを感じたり、ひとり暮らしに飽きてきたら。

「植物と共に暮らしてみなさい」

私はよく、そうおすすめしています。

「犬や猫など、動き回る〝ペット〟を飼いなさい」というのではありません。

植物の場合、ときどき水をやって、陽に当ててやる程度の世話で十分。

どんなに無精な人でも、人生の伴侶として一緒に暮らすことができるはずです。


実際、私は70代半ばにさしかかる頃、姪が贈ってくれた「ベンジャミンゴム」という観葉植物の鉢植えと共に暮らしていました。

植物のよい点は、いろいろあります。

まず、観察力が磨かれます。これは脳を鍛えたり、認知症を遠ざけることにひと役買ってくれるでしょう。

また観察することで想像力もかき立てられるので、よい時間潰しになります。

そして、「精一杯生きようとしている」という植物の無言の声に気づくことができれば、〝孤独な気持ち〟なんて、あっという間に吹き飛んでしまいます。

人の心というものは、孤独なまま放置していると、どんどん感度を鈍らせていきます。たとえて言うと、喜怒哀楽といった感情の波が、さざ波のように小さくなり、やがて凪《なぎ》になり、ついには引き潮になって干上がってしまうのです。

だからといって、感情の動きが嵐の海のように「激しければ激しいほどよい」というわけでは決してありませんが……。

とくに同居人や話し相手がいない場合、感情が動かない「凪」の状態に陥りやすいもの。精神活動がやんでしまうことのないよう、暮らしの中に植物をぜひ取り入れてみてください。

妹の芳枝は、こんな説をまことしやかによく口にしていました。

「植物にも命があって、きちんと生きているの。だから人に話しかけられることは、木の生長にとってもいいことなのよ」

芳枝はその根拠について「話しかけると口から出る炭酸ガスが植物にかかるから、二酸化炭素を吸う植物にはよいはず」とも主張していました。

これらの説には疑念も残りますが、ともかく「植物にも命があって、きちんと生きている」という芳枝の言葉にはうなずきたくなります。またベンジャミンゴムが、私の言葉を理解してくれていたことは、間違いないと確信しています。

また、植物を育てることには、必ずドラマティックな展開がつきまといます。それは「芽吹き」など、新しい変化が起こることです。

人間の世界に置き換えると、芽吹きは「新しい命の誕生」にたとえられますね。でも、そんな感動的な出来事は、私たちの日常にそうそう起こらないものです。

植物が時折見せてくれる命のドラマを目の当たりにすることで、私たちは別の「豊かな生」を追体験させてもらっているとも言えるのです。

15 誰かと話すだけで心は温かくなる

「今日は誰とも会わなかった」

「そういえば、朝からひと言も話していない」

年齢を重ねると、そんな日だって珍しくないかもしれません。

でもちょっと待って。寂しい気持ちが積もると、
あとから厄介なことになりますよ。

今から30年以上も前のこと。ある老人ホーム（現・介護老人福祉施設）から依頼を受け、毎月1回、入居者の皆さんを定期診察していました。

今でも忘れられない、幽霊の話があります。

74歳の寝たきりの入居者、Mさんのお話です。施設の職員さんたちは彼女のことを「最近意味がわからないことばかり繰り返している」「もうMさんは認知症ではないか」と心配していました。

Mさんは、たしかに現実とは異なることを口にしていました。

「この建物は、どこもかしこもゴミが落ちていて、歩けない」

「ごはんを出されても、髪の毛が入っているから私は食べられないのよ」

このような「現実と異なるおしゃべり」が続くのは、年齢を重ねた方であればよくあること。現実と空想の境目があいまいになっているからといって、心配をしすぎたり、目くじらを立てることはありません。

そう思っていたら、Mさんは気になることをおっしゃいました。

「最近毎晩、私の部屋にきれいな女の人が訪れてきてくれるの。とても美しい人なのよ。まあ、幽霊なんだけどね。親切な幽霊で、部屋から出ていくときは、私の布団をかけ直してくれるのよ。だから、毎日でも通ってきてほしいくらい」


そのときの私は「今晩も、美人の幽霊さんが来てくれるとよいですね」などと返しながら、Mさんの診察を終えました。

Mさんが言う幽霊とは、本当の幽霊なのでしょうか？

それとも、Mさんの心がつくり出した幻なのでしょうか？

私はMさんの家族関係については知りません。

また見舞ってくれる身寄りがいるかどうかも把握していません。

ただひとつ言えるのは、寝たきりのMさんが、毎晩ひと際寂しくなるのだろうということです。

深夜に何度も目が覚めたり、寂しさをひとりで抱えきれなくなっていたに違いありません。

そのような彼女の孤独感や欠落感が、「きれいな女の人」という幽霊をつくり出したのでしょう。

私がMさんを通して気づいたことは、「人はやっぱり、生身の人と1日1回は話をしなければだめ」ということ。なぜならそれだけで、冷えきった心が一瞬で温められることもあるからです。

もちろん誰だって、「人と口をきくのも面倒」という日はあるものです。

でも、だからこそ誰かと話をすることが、積極的に生きる訓練となるのです。

もっと言えば、ぼんやりしている人や、つまらなそうにしている人を見かけたら、あなたから積極的にひと声かけてあげましょう。

言葉を交わし合うことは、人間にしかできない喜びのひとつなのですから。

16

幸せに生きるためには、周りと仲良くすること

家族や友人、ご近所さん。
できれば仲の良い関係を維持したいものですね。
もちろん年齢を重ねてからも、
仲の良い関係を新しく築いていくことができれば、
それほど幸せなことはないでしょう。

私の自宅、秦野病院の近くには水無川が流れています。

緑あふれる公園もあります。

晴れた日には、朝から多くの方が散歩やジョギングに励まれています。

私も、そのような運動の場に加われたらどれだけ楽しいだろうと思いますが、100歳になり、体を思うように動かすことがむずかしくなってまいりました。

幸い、頭と心はまだまだ動いてくれるので、公園に集う人々を遠くから眺め、人生の機微についてあれこれと思いを巡らせています。


とくに感動させられるのは、人生の年輪を重ねられたカップルです。おそらく長年連れ添われてきたご夫婦でいらっしゃるのでしょう。

おふたりで歩いていらっしゃる姿をひと目見るだけで、私はその美しさに胸を打たれるような気持ちになります。

ふたりで大声で話をするわけでもない。ことさら笑い興じるわけでもない。ふたりで見つめ合ったり、何かを伝え合おうとするわけでもない。

けれども一緒にいるだけで、おふたりの気持ちは通じ合い、緊密に結ばれているであろうことは、遠くから見ていても伝わってくるのです。

白樺派の代表的作家、武者小路実篤は「仲良きことは美しきかな」という言葉を私たちに遺してくれました。ご年配のカップルは、まさにこの言葉を体現されているように思えてなりません。


なぜ、仲が良いことが美しいのか。それは、むつみ合うおふたりの心の中の美しさが、外に透けて見えるからではないでしょうか。

これは反対の状態を考えてみるとよくわかります。

喧嘩をしたり、争い合うような人間関係のそばにいた場合、見ている側の心まで、すさんでくるはずです。

つまり「仲が良い」ということは、当人同士にとっても素晴らしいことであり、周囲にまでよい影響を与えることになります。

できることなら、そのような人間関係を、そこかしこで築いていきたいものだと願わずにはおれません。

「夫婦」という関係だけに限らず、阿吽《あうん》の呼吸で通じ合っている人間関係というものは、本来誰とでも築けるはずです。

かくいう私は、今まで所帯というものを持ったことがありません。良い人には何人か出会えたのですが、たまたま結婚という形には至らなかったのです。

そして仕事が楽しくて楽しくて邁進しているうちに、１００歳までやってくることができました。

配偶者こそ得ませんでしたが、代わりに病院を支援してくださる仲間たちには恵まれることができました。

その親密さは、血縁を超えた絆で結ばれた〝大所帯〟とも言えるでしょう。おかげさまで「寂しい」などという気持ちにさいなまれたことは一度もありません。「配偶者と、現在仲良く過ごせている」という人が、幸せであることは間違いないでしょう。

しかし、ある程度年齢を重ねたら、婚姻という名の関係にとらわれず、阿吽の呼吸で通じ合える人間関係が、わが身を助けてくれるような気もしてなりません。

なぜ、私がこのようなことをお話しするかというと、理由があります。

年齢を重ねると配偶者に先立たれてしまい、がっくりと気落ちされてしまうというケースもよく見聞きするからです。

もし、配偶者と死別されて、未だ悲しみの淵にいるという方は、配偶者に限らずとも「阿吽の呼吸で通じ合える人間関係」をほかに築けるよう、少しでも前を向くように意識されてみてはいかがでしょうか。

「仲良きことは美しきかな」の精神で、暮らしていきましょう。

17 夢に限って「匙加減」はいらない

「私にも将来の夢があります」と言うと驚かれるでしょうか。
長生きの秘訣のひとつとして、
「挑戦」の要素を大事にするということがあります。
挑戦をするためにはまず、夢を持つことが第一歩。
遠慮なんていりません。

人間、何歳になってもチャレンジ精神は必要です。

私は98歳のとき、はじめて「即席やきそば」、いわゆるインスタントのカップ麺を食べることに挑戦しました。意外とおいしいものだと驚きました。

また、私がアルコールを本格的に楽しみ始めたのは、80歳を超えてからです。80代を迎えて仕事も一段落し、心にようやくゆとりが生まれ、「晩酌を楽しんでみようかしら」という心境になれたということかもしれません。


晩酌を覚えたのは、80代の頃に出かけたヨーロッパ旅行でした。ヨーロッパのディナーでは、ワインがつきものです。そのときに、「せっかくだから」と挑戦したことがきっかけで、お酒の魅力に気づくことができました。

80代といえば、普通の方なら「そろそろ禁酒しないとまずい」と自他ともに認識し始める頃ではないでしょうか。そのような時期からアルコールデビューを果たすとは、私も酔狂なものです。でも、適量は常に守っています。

「挑戦すること」は、なぜよいのでしょうか。

専門的に言うと、挑戦することで好奇心が湧いたり、感情がよい方向に揺さぶられます。

それが、心にとっては非常にプラスとなるのです。

反対に言うと、挑戦することをやめた瞬間から、心の動きは鈍っていきます。

この理屈で言うと極端な話、「挑戦すること」がたとえ失敗に終わったとしても、まったく差し支えはありません。

そのときは「恥ずかしい」「みっともない」などと感じるかもしれませんが、あなたの失敗を笑う人などいないはずです。

それ以上に「挑戦したことで心に栄養を与えられた」ととらえてみてください。

もちろん私にも、これから挑戦したい〝将来の夢〟があります。

それは「老人ホームをつくること」です。

「運営側がケアをしすぎない」というのが、その施設の理念です。不便さも生じる反面、実はさまざまなメリットが期待できます。

まず、入居者さんに「自分で何でもする」という気概が生まれることが最大の利点です。人に助けてもらってばかりでは、やがて廃用症候群（体を使わなくなりすぎて、心身の機能が低下してしまう状態）になり、あっという間に寝たきりの生活へと突き進んでしまうでしょう。

次に、ホーム内で「助け合う」という精神的な土壌が育まれてくるはずです。「助け合い」が日常的に行なわれている環境では、「生きていてよかった」という充足感や生きがいが多く生まれます。

このように夢を描くだけで、人は雄弁になり、ワクワクすることができます。毎日の生活にだって、おのずと張り合いが生まれるもの。

実現の可能性は二の次でよいので、まず大きな夢を持ってみませんか。

第3章　健康の匙加減

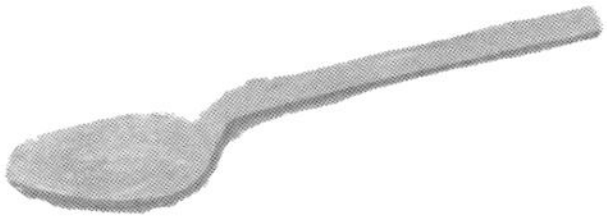

18 病は口からやってくる

「健康に気を配り始めると収拾がつかなくなる」

そんな声は珍しくありません。

健やかな長寿を願うあまり、
気に病んでしまうようなら考えものです。

「まず口から、気をつけていく」のが、賢い匙加減です。

健やかに生きていくことができるかどうかは「口」にかかっています。
なぜなら、口は食べものを体内に取り込む入口だからです。
具体的に言うと、気をつけてほしい点は2つあります。
1つ目は「歯の手入れ」です。
これは若いうちから気をつけてください。
2つ目は「誤嚥性《ごえんせい》肺炎」です。
これは年齢を重ねてから心してください。
いずれも、気を抜いていると命を奪われかねないものです。
詳しく見ていきましょう。

1つ目の「歯の手入れ」については、非常に苦い思い出があります。
私は若い頃から、歯の手入れには一応努めてきたはずでした。
ですが年齢を重ねて虫歯をはじめ、口腔内にガタがきてしまいました。

もちろん、それは人並みの老化現象だったとも思います。入れ歯や差し歯にする人は、私の同世代でも多くいますから。

ただ歯の治療というのは、非常に骨が折れますね。

歯科医に時間の予約をして通院せねばならないというのが、私にとってはとても厄介でした。

仕事のかたわら通うわけですから、時間のやりくりには非常に泣かされました。

また、1か所が治っても、またほかのところが痛んだりもします。

「歯垢もこまめに取ってもらおう」などと思うと、通う回数も増えます。

つまり、「歯科医に通う」というのが、物理的に大きな負担となるのです。


そこで私は80代で、インプラントに挑戦しました。

インプラントとは「人工歯根」と訳されます。

虫歯などで歯の状態が悪くなった場合、その歯を抜いて、あごの骨に「ネジ」

状のものを埋め込んで、そのネジを土台にして人工の歯を装着するという治療法です（もともと歯がないところに、インプラントを行なうこともあります）。

いずれにせよ、大がかりな外科手術となります。

私は当時80代ではありましたが、とくに迷いなく、数本をインプラントにすることに踏み切りました。

100歳になっても元気なのは、「インプラントが得意な歯科医に巡り合うことができたおかげ」と感謝しています。

「噛《か》める」「噛めない」を気にしなくてよくなったため、ストレスがなくなり、「先生は最近丸くなってきた」と周囲に言われるようになりました。

もちろん今でも、経過に何も問題はありません。

インプラントのおかげでよく噛めるので、頭に刺激を与えることができ、脳の活性化にも役立っているようです。

2つ目は「誤嚥性肺炎」です。誤嚥性肺炎とは、細菌が唾液や胃液と一緒に肺に流れ込むことで起こる肺炎を言います。

厚生労働省の人口動態統計（2014年）によると、高齢者の肺炎の6～8割以上が誤嚥に関連しており、死亡原因ともなっています。

年齢を重ねると誤嚥性肺炎が起こりやすくなるのには理由があります。反射作用が鈍くなるからです。だからお年寄りは、食べものを食べたり飲んだりするときは気をつけるべきなのです。

誤嚥から肺炎を引き起こして帰らぬ人となることだって、よくあります。ゆっくり食べたり、食後はしばらく横にならないなどの予防も必要です。

食事中にむせたり、唾液が飲み込めない、のどがゴロゴロ鳴っているなどという症状に覚えのある人は、とくによく気をつけてください。

ある意味、口は本当に「災いのもと」なのです。

19
脂肪は控えて
肉も魚も楽しもう

私は100歳になる今でも、食べることが大好きです。
献立を考えるときに大事にしているのは
「極端な決まりを自分に課さない」ということ。
よい具合に力の抜けた匙加減なら、
適度な節制が長続きするはずです。

巷では「〇〇を食べれば健康になる」というような極端な説が書かれた本が、人気だそうですね。

反対に「△△は控えたほうが健康になる」という主義の方も一部にはいらっしゃるのだとか。

説の真偽のほどはさておき、世の中にはさまざまなお考えの方がいらっしゃって興味深いものです。

「献立を考える際に厳格なルールを持ち込んで、いったい疲れてしまわないのかしら」と、昔人間としては少し不思議に感じます。

私自身は、食事に関してはとくにこだわりはありません。

何でもおいしくいただく〝雑食性〟です。

人様にはよく「長寿の秘訣の食材を教えてください」「とっておきの健康法をご教示ください」などというご要望をいただきます。

このときにわかりやすく面白いお答えをお返しできればよいのですが、凡庸すぎることしかお伝えできず、私としてはもどかしい思いをしています。「食事は和食中心で、品数多くバランスよく、脂肪は少なめに……」などと言っても、ありきたりですものね。

特徴的なことといえば、タンパク質を積極的にとっていることが挙げられるかもしれません。

たとえば毎日のようにヨーグルトはいただきますし、お肉やお魚は毎食少量ですが、中心的なおかずとしてしっかりとっています。

だってタンパク質は筋肉や肌のもとになってくれるのですもの、積極的にとったほうがよいに決まっています。

ある日の昼食の献立を記してみましょう。

＊鶏ササミと白髪ネギの和えもの
＊サーモンの竜田揚げ
＊野ブキとこごみの山菜
＊地元で採れたトマト（ヨーグルトかけ）
＊お漬けもの
＊白米（軽く1膳）

食材については、近隣の方や、姪や甥からおすそ分けをしていただくことがよくあります。

また、食事どきに誰かが訪ねてきたら、なるべく一緒に食卓を囲んでもらうようにしています。

夜は、少しですが晩酌をいただくこともあります。それが私の至福の時です。

そもそも、食べたり飲んだりすることって、人生の醍醐味《だいごみ》のひとつでしょう。

だから、そこに厳しいルールを持ち込むのって、意識はしていなくても、とっても苦しいことではないかと思うのです。

たとえば、「高齢者は健康のために、肉食を控えるべきか否か」といった論争まで勃発《ぼっぱつ》しているそうですね。個人的には、お肉を健康のためにあえて控える必要はないと思います。

たしかにお肉には脂肪分が多く、消化の負担にもなりやすいでしょうし、「控える」という姿勢は誤りではないかもしれません。でも、お肉にしか含まれていない希少な栄養素だって存在します。

「何かをとりすぎる」ということと同じくらい、「何かを極端に制限する」という食事法には危険がひそんでいるかもしれませんよ。

楽しくおいしいと思っていただくことが最もよい健康法だと思います。

20
室温の「匙加減」は命にかかわる

熱中症で救急搬送される高齢者が増え続けています。
とくにひとり暮らしの中高年は、
室温や湿度をこまめに確認する癖をつけましょう。
ささいなことに思えるかもしれませんが、
それこそ命を左右する匙加減なのですよ。

夏場になると、熱中症の問題が多く取り沙汰されるようになります。

とくにひとり暮らしの場合、自宅の室温調整は非常に大事な問題です。

冷房をうまく利用したり、部屋の風通しをよくするなどして、熱中症の予防に努めてください。

私自身がそうなのですが、何かに集中していたりすると、室温が上がっていることに気づかず、暑い中で長時間過ごしてしまうことがよくあります。

総務省の統計によると、2015年5月～9月までの熱中症による救急搬送人員数は、累計で5万5000人を超えるそうです。年齢区分で見ると、なんと高齢者が過半数を占めているのだとか。

このようなデータはよく職員が調べてきては、教えてくれます。

私自身も自戒しているところです。

わが家では、居間の目が届きやすいところに温湿度計を置いて、よく確認するようにしています。

「快適に過ごせる室温は約29度、湿度は約65％」と、自分なりの指標も持っています。今はデジタルタイプのものも含めて、さまざまな温湿度計が出回っているので、見やすいものをひとつは設置しておくことをおすすめします。

また、夏場に熱中症にならないためには、常日頃から気温についてもっと鋭敏な感覚を養っておくことが大切です。たとえば、家にいながらでも風通しをよくして「そよ風を感じる」という感覚を磨いておきたいものです。

私はそよ風が大好きです。

夏場の暑い日、機械的にクーラーのスイッチを押すのではなく、家中の窓を開け放って風通しをよくして、可能な限り自然のそよ風を楽しんでいます。

もちろん、そよ風には弊害もあります。外からホコリやチリなどを運んできてしまうのです。

「せっかく掃除をしたのに、そよ風のせいでテーブルにホコリが積もっている」

そう気づいてがっかりすることもあります。

でも私にとっては、それらを差し引いても、そよ風とはわが身を気持ちよくさせてくれるものなのです。

「そよ風でホコリが運ばれてくる」と気をもみ続けるのは、野暮な気もします。

あとで少し掃除をすれば済むことなのですから。

衛生面から見ても、空気の入れ替えは大切です。窓や扉の開閉を体力維持のためのよい運動ととらえて、こまめに行ないましょう。もし、その作業を苦痛に感じたり億劫《おっくう》に思うようなら、筋力の衰えなどを気にしたほうがよいかもしれません。

心身の健やかさのバロメーターとして、換気を日課にしていきましょう。

21
洋服選びがうまければ、寿命も延びる

「他人様を気にしない」と思っていても、
つい引きずられるのが季節の装いです。
春らしい洋服を着ている人を見かけたら、
「自分も」と思ってしまうのが人情です。
けれども年齢を重ねると、それが命取りになることも。

年齢を重ねると、洋服選びに頭を悩ませる局面が多くなります。「何と何を組み合わせたら、よく見えるかしら？」とワクワクする方向だけに頭を使うのであれば、なんと理想的なことでしょう。

けれども、ある一定の年齢を超えると、ファッション性よりも「この装いで寒くはないか？」という条件を、真っ先に吟味《ぎんみ》しなければならなくなります。

とくに厄介なのは、季節の変わり目です。「昨日は暖かかったのに、また今日は寒くなった」などという時期は、予想が立ちにくくてかないません。

下手をすると、薄着で自宅を出てきてしまって、「今日は昼から、もしかして寒くなるんじゃないかしら」などと、頭の片隅で気温のことばかり考える羽目になってしまいます。

これが真夏や真冬といったキッパリと割り切れる時期であれば、それ相応の対応で最初から押し通せるので、まったく問題はないのですが……。

寒暖の差というのは、四季に恵まれた国ゆえの贅沢な悩みかもしれませんね。

これは私に限った話ではないでしょうが、「保温性」と「ファッション性」を両立させようとすると、非常に苦しくなってしまいます。

たとえば、道行く人たちが上着から解放されて、軽やかなブラウスやシャツを1枚でお召しになっているような日。

いくら私が年寄りだからといって、セーターやカーディガンなど、冬の名残を引きずっているものを着たくはないのです。

だから、「うんと暖かい長袖の下着を着て、その上に春らしい薄手のものを着てみようかしら」などと工夫を重ねていたこともあります。


でも、あるとき電車に乗っていて、はたと気づきました。

どんな季節でも、概して若い女性は薄着で、男性は厚着です。

とくにスーツを着る必要があるサラリーマンの場合、真夏でも背広を羽織られていることがあります。

極端な例を挙げてみましょう。

たとえば二の腕を出した涼しげな若い女性と、かっちりとしたスーツを着こんで滝のような汗をかいている男性が、同じ車両に乗り合わせていることも珍しい光景ではないのです。

そのとき私は「ああ、人様との装いの違いで悩むなんて、ばかばかしい。洋服なんて、何でもいいのだ」と強く感じました。

若い人の真似をして、薄着のおしゃれをするなんて、〝痩せ我慢〟を通り越して、ナンセンスとも言えます。

「洋服選びの際には、暖かさを優先させなさい。さもないと、あっという間に風邪をひきますよ」

老婆心ながら、またひとりの医師として、こう申し上げておきたいと思います。

22

「ちょっと不便」なくらいが体にはちょうどいい

「毎日たくさん歩かなければ」とわかっていても、実際にはなかなかむずかしいもの。
楽しく気持ちよく歩くコツを、お伝えしましょう。
距離の匙加減など気にせず、
長距離をどんどん歩けるようになるはずです。

健康のために、皆さんにおすすめしたいことがあります。それは「歩くこと」です。これほど手軽な健康法はありません。

私も１００歳になりますが、毎朝51段もの階段を使って、自宅と隣接する病院とを1日3〜5往復しています（36ページ参照）。

「階段ではしんどいだろうからエレベーターを設置してはどうか」と働きかけてくれた人もいます。でも調べてみると費用が１０００万円はかかるというのです。「そんな大金、病院のために注ぎ込むならともかく、私ひとりのために使うなんてもったいない！」とあわててお断わりしました。

私の場合、病院に足を運ぶことは、呼吸をするように「当たり前のこと」になっています。だから長い階段を、昇り降りすることはさして苦ではありません。むしろ、階段の移動も含めて「仕事のうち」なのかもしれません。

「できることは自分でしなくちゃ」と、体を動かすことを楽しんでいます。

ただ、人生にはさまざまな時期があるものです。

体が健全でも前向きな心を保ち続けるのはなかなかむずかしいことですし、体を動かすことを億劫に感じる日だってやってくるはずです。

そんなときにどうすればよいか、よい方策をご提案してみましょう。


今から30年ほど前、私が70代前後のことです。

当時から私は健康管理の一環として、「よく歩く」ことを心がけていました。

休日には近くの公園や、ディスカウントストアまで足を延ばすことも楽しみにしていました。

その日も私は、ディスカウントストアまで歩きました。

道すがら、新緑や春の花が私の目を楽しませてくれました。

鮮やかに移り変わる花景色に、私は上機嫌で歩いていました。

そして、ようやく30分ほどでディスカウントストアに到着。

お店の中は、安売り目当てのお客さんたちでごった返していました。

「ああ、やっぱり秦野にもまだ人は残っていた」

「何か面白いものは売っていないかしら？」

私も混雑に割り込んで、一生懸命に商品を見たり、値札を確認したり。あまりに楽しくて、「あまり必要ではないもの」を買い込んでしまったほどです。

最後はのどが渇いたのでソフトクリームを食べて帰路につきました。

この散歩で、ちょうど2時間くらいだったでしょうか。

やや疲れもしましたが、快い疲れでありました。


「歩くことが体にいい」と頭でわかっていても、「近所をやみくもに歩くだけ」というコース設定では、なかなか習慣化できず長続きしません。

おいしいものを食べることや、自分の趣味と目的地を結びつけると、歩く動機をより一層強くすることができます。

23

眠れないときは無理して寝なくていい

入眠のタイミングや、睡眠の長さについては、自分でコントロールしにくいもの。
眠りにまつわる匙加減については、あきらめることも大切。
「眠れなくたっていい」という楽観的な姿勢も、健やかに長生きするための秘訣です。

皆さんの中には、夜にぐっすり眠れないこと、つまり「不眠」を気に病んでいらっしゃる方がいるかもしれませんね。

ここでは不眠とのつき合い方について、お話ししておきましょう。

多くの患者さんに接してきましたが、不眠はよく聞くお悩みのひとつです。

不眠を訴える患者さんに対して、若い頃の私は「不眠くらい気にしなさんな」という態度で、励ましの言葉をかけてまいりました。

「家庭にいるのだから、たとえ眠れなくても困らないでしょう」「眠れないと言いながら、実際横になっていれば眠っているので平気ですよ」などと慰めることもよくありました。

ですが、70代にさしかかる頃から自分も不眠を経験するようになり、そのつらさが身にしみてわかるようになってきました。

やはり当事者になると、ものの感じ方も切実になりますね。

より親身な態度で患者さんに接することができるようになったのですから、精神科医としてはひと回り成長できたということなのかもしれません。

不眠はどんな世代にも見られる症状ですが、年齢を重ねてからの不眠症のことを、専門用語で「老人性睡眠障害」と言います。

「浅い眠りしか得られず、ときどきトイレに行きたくなって起きてしまう」という流れを一晩中繰り返すのが特徴です。

私の場合は、宵のうちは眠くて困るのですが、いざ寝る時間になると「眠くない」のです。そこで「睡眠薬代わり」と思って推理小説など面白い本を読み始めるのですが、かえって目が覚めてしまうことになります。

そして「明日の診察もあるのに」とあせると、余計に寝つきにくくなります。

そんなとき、患者さんが「眠れない」「調子が悪い」とおっしゃる気持ちが本当によくわかります。

寝床の中でまんじりともせず横たわっていると、さまざまな物音が耳に飛び込んでくるようになります。

夜中は救急車のサイレンや、オートバイなどのエンジン音。

夜明け前になると、新聞配達の音。

秦野は〝田舎〟だと思っていましたが、夜に活動する人も意外と多いのです。

そんなときは、医師と相談して睡眠導入剤を使用することもひとつの方法です。


苦しい夜を過ごした翌朝は、「時間を無為に過ごしてしまった」という悔恨の情が湧いてくることもあるかもしれません。

そこで大事なのは「もし眠れなかったとしても、翌日の朝を暗い気持ちで迎えない」ということです。

「たとえ眠れなかった夜も、翌朝を明るい気持ちで迎えられればそれでいい」ととらえるようにしています。朝日を浴びて、気持ちを立て直していきましょう。

24

誰もが認知症になるわけじゃない

「私もすでに認知症が始まった？」

そう自問してしまう癖のある方はいませんか。

医学的に言うと、健常な方の「もの忘れ」と、認知症は異なります。

やみくもに心配をしないでくださいね。

年齢を重ねるにつれて起こる現象のひとつに「もの忘れ」があります。

ここではよく誤解されがちな「もの忘れ」と「認知症」の違いについてお話ししておきましょう。


もの忘れとは、具体的なことを忘れてしまうことです。

たとえば、次のような症状です。

「ものを収納した場所を忘れてしまう」

「人と約束した待ち合わせ場所を忘れてしまう」

「昨日の夕食の献立を忘れてしまう」

一方、認知症とは、より大がかりに忘れてしまうことを指します。

たとえば、次のような状態です。

「ものを収納したということを忘れてしまう」

「人と約束したことを忘れてしまう」

「昨日夕食を食べたことを忘れてしまう」

これは、認知症の患者さんが、ごはんを食べたばかりなのに「ごはんはまだ?」と尋ねることを考えてみればよくわかるでしょう。

認知症の方の場合、「ごはんを食べたこと」自体をきれいに忘れてしまうのです。ものごとをきれいにまるごと忘れてしまうことから、「ものを盗られた」などと勘違いが増えて、対人トラブルが絶えなくなるのです。

ですから、ものを収納した場所を忘れてしまったくらいで「私も、もう認知症かしら」などと早合点する必要はありません。

ただ、あまりにもの忘れがひどく、暮らしに支障が出てくるようになったら、もの忘れの専門外来を受診するのもひとつの方法です。

秦野病院では、2009年から専門外来として「もの忘れ外来」を設置しています。さまざまな可能性から原因を見つけ、適切な治療や対応を行なっていくのがもの忘れ外来です。

たとえば、次のような症状があれば受診をおすすめします。

＊もの忘れがひどくなってきて気になる
＊最近のことなのに、よく思い出せない
＊人やものの名前がすぐに出てこない
＊今まで好きだったものに対して、興味・関心がなくなった
＊以前より、ひどく疑い深くなった
＊慣れている場所で、道に迷ってしまった

早めに診断を受けることで、早期治療が可能になり、進行を最小限にとどめ、症状を改善することができます。

認知症とは、初期の場合はわかりにくいものです。もし、あなたの親御さんなど、大切な人が「少しおかしいのではないか」と気づくことができたら、それを本人に指摘する際の言葉かけには、十分気をつけてください。

誰でも、認知症になりたくないものです。若い人に指摘されると不安になり、ストレスとなってうつ状態になる方もいらっしゃいます。

一緒に話し合ったりして、「大丈夫よ、心配することはないよ」と支え、静かに見守る姿勢が大切だと思います。

「心配だったら専門家（医者）に診てもらいましょう」などと話をしてみることも必要だと思います。

もちろん、病状が進んで日常生活に支障をきたしている場合は別です。

生活や環境、経済状況などによって、柔軟に対応していきたいものです。

25 投薬の「匙加減」は、主治医を信用するのが鉄則

薬をたくさん飲めば、
病気が早く治るわけではありません。
また、症状が治まったら、
自分の判断で薬をやめていいわけでもありません。
医師の匙加減に従うことが基本です。

ここでは薬とのつき合い方についてお話ししておきましょう。日々の診療の中で患者さんとやりとりをする際に、薬についてはさまざまな誤解があるように思うからです。

とくに私がいつも扱っている向精神薬は、ひと昔前よりも飛躍的に進歩して、高い効きめが得られるようになっています。

また、長期にわたって服用することが多いので、副作用についても常に考えて、薬害を抑えるために最小限で効果が出るように処方しています。

これが、医師にとっての最大の頭の使いどころです。投薬の過不足があると、どちらに転んでも患者さんが困ることになってしまうからです。

少なすぎると効果が見られず、多すぎると「薬が強くて眠い、だるい」となってしまうのです。また「調子がよくなってきているから、なるべく薬を減らしていこう」と減薬すると、症状が急に悪化することもあります。

医師が勉強を重ねても、薬が人間に及ぼす影響というのは相性もありますし、単純に計算できるような質のものではなく、非常にむずかしいものなのです。

これから医療のハイテク化が進んでも、「薬の処方」がロボットに取って代わられることはないはずです。そう思うからこそ、私たち医師もその矜持《きょうじ》にかけて、知識を更新して、日夜努力を重ねているのです。

ですから、私たち医師が処方した薬については、ぜひその用量と用法を守って、きちんと飲み続けてほしいと思います。

これは精神科に限らず、医療全般について言えることで、ほかの多くの医師も皆そう考えられているはずです。

ときどき「症状が軽くなったので、もう飲まないでよいと思った」などと、勝手に減薬、断薬してしまう患者さんがいます。

その結果、予期せぬ症状が出る危険性も否めません。

そして、もうひとつお願いがあります。

これは逆のことなのですが、「必要以上に薬をほしがらないでください」ということです。「せっかく受診したのに、何も薬はもらえないのですか？」などと言う患者さんも時折いらっしゃいます。

医師はさまざまな状況を想定して、あらゆる条件を計算して処方しています。医師が薬は不必要と判断した場合には、それなりの理由があるはずなのです。

とくにご高齢の患者さんは「薬が多いと安心する」という方が多いです。

「薬が多いと安心する」という気持ちは、私ももちろんわからなくはありません。「薬の種類が増えれば増えるほど、早く治る」

そう感じる方も中にはいるかもしれませんね。ですが、人間の体というのはそれほど単純なものでもないのです。

かかりつけの主治医を信じて、薬と正しくつき合っていきましょう。

26
急病や入院は骨休めのチャンス

突然の病気や入院に、
ガックリと気落ちされる人は少なくありません。
とくにそれまで健康だった人にとっては、
大きな痛手となるようです。
普段から病気になるリスクを想定しておきませんか。

けがや骨折、体調不良や病気……。

体の自由を奪う突然のアクシデントほど、人の気持ちを滅入らせることはありません。

年齢を重ねたら、誰しも突然の病気やけがに襲われることはあります。

そんなときは、どうしても悪いことばかり考えてしまうものです。

「状態は悪化する一方ではないか」

「周りに迷惑をかけているのではないか」

そんなふうにひとりで苦しまないために、うまく心を整えていく方法を見つけることが肝心です。


病床にあるときは、とくに感受性が強くなります。

よいことも悪いことも、何倍にも増幅して感じてしまいがち。

だからこそ自分なりの気持ちの回復法を、早くから見つけておくべきなのです。

思い起こせば、私が大きな骨折ではじめて入院したのは70代のときでした。定期診察の仕事で老人ホームを訪れたとき、ほんのちょっとつまずいただけで、前のめりに派手に転んでしまったのです。

いつものようにさっと起き上がろうとしたのに、左肩だけがまったく動かない。そのため、まるでカエルが潰されたように、廊下の真ん中にひとりで伸びてしまいました。

その後、通りがかった職員さんに、ようやく助け起こしてもらうことができました。

つまり私は、仕事で訪れた老人ホームの玄関に入るやいなや転倒し、そのまま近くの整形外科に駆け込むというとんだ失態をしでかしてしまったのです。

「骨折」と診断された私は、そのまま入院し、安静療法を強いられることになりました。秦野病院の職員と患者さんたちには多大な迷惑をかけてしまいました。

それだけで、気持ちがぐんと落ち込む材料は揃ったことになります。

そんなとき、私の心を慰めてくれたのはお見舞いにいただいた花たちでした。

お見舞いにいただく花は、ほとんどが切り花です（鉢植えのものは「根つく＝寝つく」ということで、お見舞い時には避けられますね）。

そのため、いただいた当初は美しい花も、1週間ほどでどんどんしおれ、枯れていってしまうことになります。

これは、どんなにお手入れを頑張っても、同じことです。


けれども不思議なことに、日が経って花がしおれていくにつれて、私の傷はよくなっていきました。

しおれていく花を見ながら、体の痛みは薄らいでいったので、「私の体の回復と引き換えに、まるで花が命を縮めていったようだ」などとぼんやり感じていたものでした。

そして「病床に花があって、本当によかった」と感謝せずにはおれませんでした。

私の場合、気持ちを回復させてくれるのは花の存在だったのです。

やがて、趣味の短歌がつくれるまでに心身が元気になりました。

次々と贈られし花　枕辺に　我痛みを連れて枯れんとす

けがや病気などの非日常が、新たな気づきを与えてくれることもあります。

万一、あなたが急に病床につくことになっても、決して落ち込みすぎないでほしいと思います。

私の骨折話を、ぜひ頭の片隅にとどめておいてください。

27 ひとりで悩むから病気になる

お悩みの原因がわかることで、
快方へ向かうタイプのうつ病があります。
逆に言えば、お悩みの原因については、
自分でもわからないことが多いのです。
「よく考えること」と「悩むこと」の匙加減とは?

精神科医ならではのお話も、ここで少ししておきましょうか。

私が精神科医になった頃から絶えないのは、やはりうつ病です。

うつ病の有病率や患者数については、非常に多くの疫学研究があります。

たとえば、厚生労働省のホームページによると、うつ病の12か月有病率（過去12か月に経験した人の割合）が１〜２％、生涯有病率（これまでにうつ病を経験した人の割合）が３〜７％であり、日本では中高年でも頻度が高くなっています。


うつ病の原因はそれぞれ異なります。治療法もさまざまです。

最近は、よい薬も出ているので、うまく活用してください。

投薬治療と併せて積極的に取り組んでほしいのが、カウンセリングです。

それらを通して、うつ病の原因がはっきりと自覚できたり、ひいてはその原因を克服できたりすることがあるからです（中には「とくに原因がない」というタイプのうつ病の方もいるのでご注意ください）。

これはうつ病患者・Yさんのお話です。

Yさんはうつ病でしたが、最初はその原因がわかりませんでした。彼の口から「私は胃腸が悪いのです」などという言葉を聞くことはありました。

けれども、とくに何かの疾患があるわけではなかったようです。

長い間、カウンセリングを続けたあと、ようやくYさんが「がんへの尋常ならざる恐怖感」を抱えていることがわかりました。


Yさんの親御さんは、がんで亡くなられたようでした。

それでYさん自身の中に「自分もがんになるのではないか」という恐怖が芽生え、大きくなりすぎてしまったようなのです。

Yさんは、がんへの恐怖が高じて何もできなくなり、どこへも出かけられなくなり、うつ病を発症したようでした。

そして、「がんを見つけたり治療してもらえたりする」という思いがあるせいか、病院に通うのは決して面倒なことではなく、逆に心の慰めになっているようでした。

Ｙさんに「がんへの恐怖がある」というのは、私がカウンセリングを通して気づいたことでした。

そして私ががんへの恐怖を指摘してから、ご自身もスッキリされたのか、徐々に元気を取り戻されたのです。

私はＹさんにさまざまな言葉をかけました。

「親御さんががんになったからといって、その血を受け継いだ子のすべてが、発がんするわけではありませんよ。たとえ遺伝性のがんの恐れがあるとしても、検査をこまめに受けて、早期発見に努めれば問題はないでしょう」

「Ｙさんは、この前検査を受けてきて大丈夫だったのでしょう？　しかもそんなに元気なのだから、心配することはないわ。むしろ心配しすぎることでストレスになっているのだとしたら、それこそ体によくありませんよ」

Yさんは、やがてうつ病を完治して、通院生活を終えられました。彼の例は、カウンセリングが功を奏した典型的な事例です。


うつ病というのは、その原因が「患者さん自身にまったくわからない」こともあれば、「患者さんが無意識下で感づいているけれども自覚したくない」こともあります。


Yさんは後者だったかもしれません。

そんなとき、やさしい話し相手がいれば、うつ病の原因に気づき、立ち向かうことができるのです。

もっとも、「うつ病の原因に自分で気づく」「立ち向かう」というのはなかなか大変なことですから、そんなときこそ精神科医や、カウンセラーなどの医療者を頼ってもらえればと思います。

第4章　人づき合いの匙加減

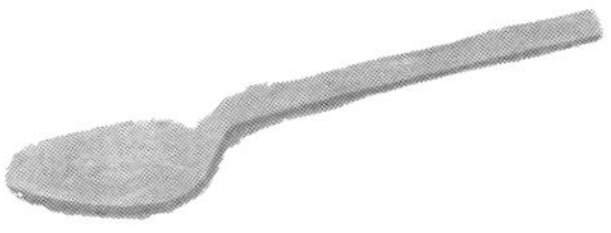

28 「おひとりさま」を目指さない

「ひとりは気楽でいい」などと言っている人はいませんか。
孤独死を遠ざけるために、人様とのご縁は保ち続けておきましょう。
おつき合いの匙加減の秘訣は「広く浅く」です。

病院の職員に聞いたのですが、「孤独死」という言葉が話題だそうですね。

孤独死とは、平たく言うと「おひとりで自宅で亡くなった方が、死後数日（数週・数か月）経って発見されること」です。

内閣府の『2010年版高齢社会白書』では「誰にも看取られることなく息を引き取り、その後、相当期間放置されるような悲惨な『孤立死（孤独死）』」と表現されています。


ニッセイ基礎研究所は人口動態なども取り入れた推計を発表しています。

2012年には、「年間1万5603人、うち男性1万622人、女性4981人の高齢者が、死後4日以上を経て発見される状態で亡くなっている」というデータが公開されています。

また性別で見ると、とくに男性の孤立度が高い事実が浮き彫りになっています。

東京都監察医務院が2010年に発表した「東京都23区における孤独死の実

態」によると、孤独死の男女比については「男：女＝ほぼ2：1」なのだとか。

またデータを見る限り、男性の中でもとくに50代〜60代に孤立度が顕著です。

当然のことながら、「死後数日後に発見される」ということは、孤独で孤立した状態が、ご存命中から続いていたということになります。

つまり、人生の最期を数か月間、もしくは数年間も寂しい状態で過ごされたのち、旅立たれたということになるはずです。

それは、ご本人にとって非常にお苦しかったことに違いありません。


とくに地域での交友関係が希薄な方は、孤独死の可能性はうんと高くなります。かかりつけ医とうまく連携するなど、ご自身の体調管理に気をつけることはもちろんですが、それと同様にコミュニケーションを行なうことを軽く見ないでほしいと呼びかけたいと思います。

人間はひとりで生きていくことはできません。

みんなで支え合いながら生きていくのが本来の健全な姿なのです。

そういえば近年、「おひとりさま」なる言葉も流行したそうですね。

これは、もう少し若い世代を指して言うもののようです。

たとえば「ひとりで外食や旅を楽しむおひとりさま」が、自立した生き方のひとつとして、もてはやされてもいるようです。

ですが、ちょっと立ち止まって、おひとりさまの末路についても、少し考えてほしいと思います。

おひとりさまが、孤独死へと突き進んでいく可能性はないのでしょうか。

「おひとりさま」などという言葉ばかりをことさら持ち上げたりせず、「みんなが互いに支え合いながら生きている」という風潮が広まることを願っています。

年齢を重ねるにつれ、「ひとりで過ごすほうが気が楽だ」というのはよくわかります。

しかし「心の健康」という観点から言うと、それは危険です。

言葉を交わし合える人を、身近に増やしていきましょう。

もしそのような人がいなければ、真剣に探したほうがいい。

このような話をすると、「私は誰からも好かれないのです」「愛されるようなタイプではないのです」などと嘆く人がいます。

でも、私が言いたいのは「万人から好かれましょう」という話ではありません。

また、「腹を割って長話ができるレベルの〝親友〟を、新しくつくりましょう」ということでもありません。


ご近所さんとすれ違ったら、先に会釈をする。

店員さんに明るく挨拶をする。

そんなささいなことから始めてみてください。

29 価値観がまったく同じ人なんているわけがない

「いまどきの若い人は……」

この台詞が口をついて出る人は〝黄色信号〟です。

どうせなら、若い世代の人たちとの違いを楽しみませんか。

「新しいもの」「自分に理解不能なもの」を批判したところで、何も生まれません。

「いつまでも柔らかな頭で、自由でのびのびと発想ができますように」

私はいつもそう願っています。ですから時代の変化にはできるだけついていきたいですし、若い世代の人たちとも分け隔てなく関わっていたいと考えています。

ところが、これがなかなかむずかしい。

「私はなんと紋切型思考なのだろう」と、自分の感性の古臭さにげんなりしてしまうことは少なくありません。

たとえば若い人のファッションについて、以前、大変驚いたことがあります。

私がひとりで電車に乗り、あちこち動き回っていた70代の頃の思い出です。

電車の中で、ひとりの女の子が目に留まりました。

よくよく見ると、女の子はブラウスを裏返しにして着ているのです。

私はとても驚き、本人に声をかけてあげようかと迷ったのですが、あまりの衝撃で本人になかなか近づけず、あきらめておとなしく帰宅することにしました。

翌日、若い職員たちがいるところでその出来事について話してみました。

「昨日、電車の中で見かけた女の子が、ブラウスを裏返しに着ていたのよ。びっくりしちゃったわ。本人はどうして、気づかなかったのかしらねえ」

すると、職員たちは驚きの目を私に向けたのです。

「洋服を裏返しに着るのは、今の流行ですよ！」

「先生、そんなこともご存じなかったんですか？」

私は予想もしなかった反応に、ただただ驚いてしまいました。


あの女の子を見かけたとき、親切心で「もしもし、ブラウスが裏返っていますよ」と小声で教えてあげたとしたら、いったいどんなことになっていたでしょう。

女の子にあきれられたでしょうか。

もしくは、笑われたでしょうか。

「ご本人に声をかけなくて、本当によかった」と胸をなでおろしました。

若い人たちが「格好よい」と感じるスタイルと、私が「格好よい」と感じるスタイルが、だいぶ違っている。「美しさ」の基準がまったく異なっている。

こういったズレを「ジェネレーションギャップ」と言うのでしょうか。

若い人たちと感性が食い違ってしまうことは、悲しいですが仕方がありません。

私がどれだけ「いつまでも柔らかな頭で、自由でのびのびと発想ができますように」と願っていても、ひとりでにズレてしまうものなのです。

ですから、ジェネレーションギャップが生じることについては、潔くあきらめる。その代わり、出しゃばって老婆心を出すことは、控えようと考えています。

もちろん今の私は、電車に乗って遠出をすることもかなわなくなりましたから、〝裏返しのブラウス〟のような椿事《ちんじ》に驚かされることも、少なくなりました。

そう思うと、ちょっぴり寂しいものです。

価値観との違いに遭遇することって、本来、面白いことなのですよ。

30
寡黙より多弁のほうが10倍好かれる

「口下手だから」と引っ込み思案になっていては、人生の半分を無駄にするようなもの。

「失言したら謝ればいい」というくらい、おおらかにいきましょう。

気持ちを素直に言葉にしてみればよいのです。

もしかして、あなたは「口下手である」と気に病んではいませんか？

「気の利いたお世辞も言えないから、いつまで経っても世渡りが下手だ」

「おしゃべりが下手だから、新しい友だちがなかなかできない」

こんなふうに、自分を責めてはいませんか？


私の見る限り、多くの方が自分のことを「口下手だ」と誤解しています。

そして、人とつながる好機をみすみす逃しています。

私はよく「口下手でもいいから、とにかく自分から話しかけるようにしなさい」と助言しています。

「自分から相手に声をかける」という積極的な行為そのものが大事なことで、おしゃべりした内容なんて、相手にとってみればどうでもよいことが多いのです。

相手からすれば、あなたから「話しかけてもらえた」ということがうれしいのですから。

どうして、そんなことを断言できるのか？　理由は明快です。

私は病院内にいるとき、多くの患者さんから話しかけられる立場にあります。

中には悪気なく、驚くような言葉をかけてくださる患者さんもいます。

美容院で3か月ぶりにパーマをかけてもらったときのこと。

病院に戻ると、ヘアスタイルを褒めてくれる声に混じって、こんなささやき声が聞こえてきました。

「先生の後頭部、ハゲてる……」

それは、残念ながら事実です。

私自身もそれをよく自覚していて、周囲の薄くて少ない髪で、うまくカバーしていたつもりでした。

だから、最初は「カチン！」ときましたが、「患者さんの言うことだから」と気にはなりませんでした。

ほかにも〝不躾《ぶしつけ》〟な言葉を投げかけられることは、日常茶飯事です。

「先生って本当は何歳なの？」

「さあ、それは言えないわ」

病院の増築や改修などの話が広まると「先生、さてはお金が貯まったのね！」「私を入院させて儲かったのでしょう？」などとあけすけに、また的外れな物言いをする患者さんも多くいらっしゃいます。

けれども、患者さんたちにはまったく悪意がありません。失礼ともまったく思っていらっしゃらないのです。

私は、こんな言葉をかけられたとき、いつでもさらりとかわすようにしています。

職業柄かもしれませんが、私は〝裏表のない患者さんたち〟に、一度も腹を立てたことがありません。それどころか、いつも「かわいい」と感じています。

彼らはきっと、自分がその瞬間に感じていることを率直に言葉にして投げかけてくれているだけなのです。

だから、それでよいと私は満足しています。

また、その純粋さに惹かれて、共に生きているのだとも思っています。

もし、心に闇があった場合、人は「誰かに言葉をかけること」なんてできません。他人様には興味も示さず、引きこもるようになっていきます。

それは、精神科医として言わせてもらうと相当〝危険〟な状態です。

たとえ「失礼」であっても感じたことを口にしてくれたほうが安心です。

「寡黙な人よりも、ズケズケものを言う人のほうが愛される」

失礼な〝トンデモ発言〟に日々さらされている私が言うのですから、間違いありません。

「私は口下手だ」などと悩まず、周囲の人にどんどん話しかけていきましょう。

31
音痴でいい、まずは大きな声で歌いなさい

年齢を重ねると、行動範囲が狭まったり、活動量が減ったりしがちです。
つられて、自分の声も小さくなるもの。
健康のためにも、円満なおつき合いのためにも、声の大きさを意識すべきです。

ここでは、声を出すことの効用について、お話ししておきましょう。

仕事を引退したり、ひとり暮らしを始めると、途端に「声を出すこと」が少なくなるものです。理由は簡単で、人づき合いの機会が減るからです。

もっとも、見方を変えれば「長年のわずらわしい人間関係から解放された」とも言えるわけで、ホッとしていらっしゃる方も多いことでしょう。

バタバタとあわただしい職場や、ひっきりなしにかかってくる電話、口論の絶えない家庭ほど、ストレスのもとになることはないからです。


でも、ひとつ心しておいていただきたいことがあります。それは「発声」、つまり声を出すことが、非常に大切だということです。

軽く見られがちなのですが、発声は体の根源的な機能のひとつなのです。

また、コミュニケーションの要でもあります。

人間の体には「使われない機能はみるみる低下する」という大原則があります。

声も出さずに黙りこくる日が続くと、いざというときに楽しく会話ができなくなってしまうかもしれません。

とはいえ、「身近に話し相手がいない」という方は多いことでしょう。

そのような方におすすめしたいのは、「歌を歌う」という策です。

当世風の歌謡曲でなく、昔懐かしのメロディーでよいのです。

台所に立ちながら、入浴しながら、歌を口ずさんでみてはどうでしょうか。


昨今、若い人たちの間では「ひとりカラオケ」なるものが流行していると聞きます。

これは、「誰にも気兼ねせずカラオケを堪能《たんのう》する」という目的と同時に「大勢でカラオケに行く前の予行演習」という意味合いも強いようです。

いずれにせよ、「歌を思いっきり歌う」という行為は、中高年以降にとっても素晴らしいことだと思います。

なぜ私がこのように歌を重視するのかというと、患者さんたちが歌を通してよいほうに豹変される様を目の当たりにしてきたからです。

たとえば普段は誰ともしゃべろうとしない患者さんが、病院の行事で舞台に上がり、歌う場面になると突然堂々と美声を披露されることがよくあるのです。

惜しいのは、そういった方々が舞台出演を終えると、再び口を固く結んでしまうことです。

よく指摘されるように、「歌うこと」には健康効果が期待できます。満足感や充足感など、精神面でもプラスになることは大きいでしょう。でもそれ以上に、「人づき合いが円滑になる」という副次的なメリットもついてきます。

おしゃべりのときに「あなたの声は、大きすぎて困る」と文句を言われることなんてないはず。つまり、ほとんどの人の声は小さくて「迷惑をかけている」と言っても過言ではないのです。相手のためにも、堂々と大声を出しましょう。

32
愛されるのは、やっぱり「聞き上手」？

おしゃべりするだけではなく、
相手の話も積極的に聞きましょう。
「話す」と「聞く」のちょうどよいバランスをつかめたら、
あなたは最もむずかしい人生の匙加減のひとつを、
知ったことになります。

老年期に発症するうつ病のことを「老人性うつ病」と言います。近年、女優の朝丘雪路さんがこの病気を理由に休養を発表され、話題になりました。

老人性うつ病とは、老年期にひそむ落とし穴のようなもので、意外と身近な病気です。朝丘さんのような「明るくてチャーミングに見える人」であっても、決して無縁の病気ではありません。困ったことに、その原因ははっきりしておらず「心身の複合的な理由で起こる」とされています。

うちの病院にも、老人性うつ病に悩む患者さんが多くいらっしゃいます。

症状としては、不眠や食欲不振、そして頭痛などの不定愁訴《ふていしゅうそ》などがあります。「外出なんてしたくない」「誰にも会いたくない」、時には「生きているのがいやだ」と訴える患者さんも多いのです。

この病気には、まだ特効薬はありません。

でも私は、ある治療法が抜群に効果を発揮してくれるような気がしています。

それは、患者さんのお話に、誰かが素直に耳を傾けることです。

老人性うつ病の多くの患者さんの特徴として、「お話が長いこと」があります。

私は、患者さんのおしゃべりは「ストレス発散」に近いものがあるととらえていますから、話の流れをなるべくさえぎらないようにしています。

そのため、気づくと1時間もお話に耳を傾けていることだって珍しくありません。そして、次にその患者さんが診察室にいらしたとき、不思議なことに、打って変わって元気になっておられることが多いのです。

「老人性うつ病の患者さんが短い間によくなったのは、私がお話をゆっくり聞いたからに違いない」

私はあるとき、そう気づきました。そして今でもそう確信しています。

以前、東京・上野の美術館に絵を見に出かけたとき、『耳を傾ける人』という題名の作品を偶然目にしたことがあります。黄色い背景に、ひとりの男性が横向きに立ち、耳に手を当てて何かに聞き入っている姿がくっきりと描かれていました。

その男性の姿は敬虔《けいけん》で、穏やかに祈っているようにも見えました。

もしかすると、その男性にだって話したいことや伝えたいことは、たくさんあったかもしれません。でも、相手の話にひたむきに耳を傾ける。その姿勢は、大きな愛情にあふれたものだと思えてなりませんでした。


誰だって、自分の話を聞いてもらったり、笑顔で相づちを打ってもらうと、うれしいものです。「もっとこの人に話を聞いてもらいたい」と思うのが人情です。

年齢を重ねたら、とくに話を聞く側に積極的に回っていきましょう。

それが人としての「成熟」であり、人のお役に立っていくことにもなります。

もちろん、あなたは精神科医ではないかもしれません。

でも、あなたが誰かの話に静かに耳を傾けることで、相手に癒しを与えることは十分にできるはずなのです。

33 相手の領域は侵すべからず

手の内を明かさず、内面の声も秘めている……。
秘密主義の人だって、中にはいます。
きっとその人なりの、コミュニケーションの匙加減なのでしょう。
他人様の匙加減に干渉せず、大切にすることができれば、
あなたも本当の大人です。

あなたは、「他人の気持ちは、理解することができる」と思っていますか。

もしくは、「他人の気持ちは、理解することができない」ととらえていますか。

実は、私は「他人の気持ちは、理解できないこともある」と認識しながら、患者さんたちと接してきました。


こう書くと、「冷たい精神科医だな」と思われるかもしれません。けれども実際、「理解することができないこともある」患者さんたちと、私たちは日常的に接してきたのです。


精一杯寄り添い、長い月日をかけ、心を開いてもらうように努めますが、それでも患者さんが最後まで沈黙を守られることは、珍しくありません。

もちろん、その背景には心の病気が横たわっています。ですから、病気を投薬治療などで軽くしつつ、患者さんから話したくなるように力を尽くすわけですが、それでも患者さんのご意志で心の内を明かされないことは多々あります。

私たち医療者は訓練を受けているので、そのような事態に深くは傷つきません。しかし、もしこれが業務でなければ「他人に心を閉ざされる」「コミュニケーションを拒まれる」というのは、なかなかつらいことに違いないでしょう。

これは、今も忘れられないWさんについてのお話です。

Wさんが入院してきたとき。

私たちは真摯《しんし》に向き合い手を尽くしましたが、あまりにも「できること」「お役に立てること」がなくて絶望しそうになりました。

ご自身で気持ちを落ち着けようとされているのはよくわかるのですが、なかなか落ち着くことができない。薬や注射といった医療的な手段がほとんど効かない。目の前に出された食事さえろくにとることができず、苦しまれている。

私たちの「なんとかしたい」という思いとは裏腹に、Wさんは十分な栄養をとることもできず、徐々に弱っていきました。

そしてWさんは点滴を受けながら、ベッドに日がな一日伏せるようになってしまったのです。

ある日のこと、Wさんがベッドの中でモゾモゾと動き、落ち着かない様子で目をキョロキョロとさせていたことがありました。私はこう声をかけました。

「目をつぶってゆっくりした気持ちで眠ってごらん。私がずっとついているから、心配しなくてもいいの」

Wさんは、数分経つと静かになってきました。

少しは楽になれただろうかとWさんの顔を見つめ続けていると、閉じた目の片方から、ひとしずくの涙が頬を伝って流れてきたのです。

Wさんはそのまま、静かに寝入りました。

その涙には、不安や苦しみが多く含まれていたのかもしれません。

けれども、涙の理由については、その後もずっとわからないままでした。

このように意思疎通ができない患者さんの場合、私たちは医療者として、安らかに過ごしてもらえる環境づくりに徹して、言葉のない世界で寄り添い続けるしかありません。

「Wさんの声を聞きたい」とは思いますが、それすらままならないことが多いのです。

そのような経験から、私たちは「他人の気持ちは、理解できないこともある」とわきまえつつ、患者さんに接するようにしています。

ただし、その際には惜しみなく愛を贈ります。

歪《いびつ》であるかもしれませんが、そういったコミュニケーションの形もあるのです。

これは患者さんと医師との話ですが、普段の人間関係においても、応用してもらえる部分があるのではないでしょうか。

34
断わることも立派な愛情表現

他人に「頼りにされること」と、
「振り回されること」は異なります。
あとから不平や不満が湧いてくるようなら、
それは断わるべきだったのです。
「断わる力」も養成しておきましょう。

人というのは2種類に分かれます。

「きっぱり断わることができる人」と、「なかなか断われない人」の2種類です。

私自身、後者の「なかなか断われない人」であり、困っています。

無理を背負い込まずに、心地よく生きていくためには、「断わる力」が大切であるとよく痛感します。

あなたはいったいどちらでしょうか。


70代までは、私はよく検察庁から、事件の被疑者の精神鑑定を依頼されていました。精神鑑定にはそれなりの手間と時間がかかります。さりとて、そのような仕事を引き受けても、当院に利するところが大きいわけではありません。

病院運営を最優先に考えた場合、「わざわざ無理してまで引き受けなくても……」というのが、偽らざる本音でしょう。

けれども、私は困ったことにお声がかかると、ついつい受けてしまうのです。

あるとき、検察庁の担当者から精神鑑定の依頼を受け、電話口でこんな返答をしたことがあります。

「今週の水曜日なら、午前でも午後でも空いていますが……」

担当者はホッとした様子で「午後1時にお願いします」と言われました。私もそれに同意して電話を切りました。

すると数分後、同じ方から再び電話をいただいたのです。

「先ほどの水曜日の件ですが、先生は午前中もお時間がおありとのことで、よろしかったら午前にももう1件、精神鑑定を追加でお願いしたいのですが……」

私が馬鹿正直に「午前でも午後でも空いていますが」と明かしたばかりに、時間があると思われ、1日に2件も鑑定を引き受けることになってしまったのです。

電話を切ったあと、私の脳裏には現場で頑張ってくれている職員らや、ケアを必要としている患者さんたちの顔が思い浮かびました。

数の上では、一応の人手は足りていますし、水曜日はそもそも休診日なので、患者さんたちに直接的な迷惑がかかるわけではありません。

けれどもやはり「手の内をすべて明かすようなことはすべきではなかった」と、私はそのとき学びました。

もちろん、精神鑑定の仕事は公益性の高い仕事で、誰かが早急に引き受けるべきものです。むしろ、「依頼がかかることを喜ぶべき」という見方さえあります。

ですから私は「医療者としては、正しかった」と胸を張って言えます。

ただし、経営者として正解であったかどうかは、わかりません。


あとからグチをこぼさないために。そして、余計なストレスを溜めないように。

どうか私を「他山の石」としてほしいと思います。

健やかな精神状態で長生きをしようと思えばこそ、〝駆け引き上手〟〝交渉上手〟になっておくことも大切かもしれません。

第5章　やさしさの匙加減

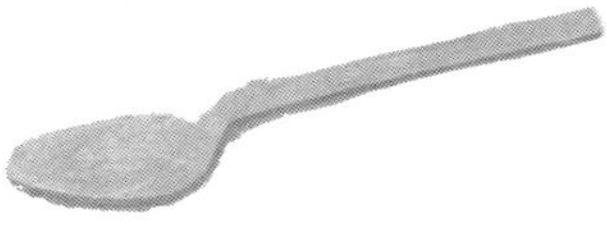

35
1ミリでも誰かのお役に立っているか

「誰かに喜んでもらえた」と感じたとき、人は充実感を感じるようにできています。

これからの人生は、他人と競ったり、評価を求めたりするのではなく、他人に貢献しながら生きていきませんか。

私の母は病気ひとつせず、96歳まで元気に過ごしました。母は60代の半ばからほぼ晩年まで私と一緒に暮らしました。精神科医として忙しい私のためにあれこれと仕事を手伝い、身の回りの世話まで焼いてくれました。

もちろん私にとって母の愛情が、時折ありがた迷惑だったことは否めません。晩年に一緒に暮らしていたとき、母のもの忘れが目立つようになり、火を使っての調理が非常に危うくなってきたことがありました。

もし、母が調理する際に火の不始末で火事にでもなったら、うちの病院まで延焼してしまいます。

申し訳ないと思いつつ、晩年は母に料理を禁じざるをえませんでした。口で止めてもなかなか聞き入れてもらえないので、毎朝ガスの元栓をこっそり閉めてから、出勤していたほどです。

ある朝、私はガスの元栓を閉め忘れて、出勤してしまったことがありました。

夕方帰宅すると台所の食卓に、ナスの煮物が入ったお皿が、きれいに配膳されていました。

母の仕業です。

私は気づかない振りをして、自分でさっとおかずをつくり食卓につきました。

ナスの煮物にももちろん手をつけましたが、「おいしい」という言葉を口にしないように、ぐっとこらえました。褒められると、母はまた料理をつくりたくなるに決まっています。

でも、それはもう危険なことでしかありません。

私は心を鬼にしてナスの煮物については話をせずに食事を終えました。

そのときの母は、体を小さく丸めて、私の目をそっとのぞき込んでいました。

その表情は、何とも言えない顔でした。

遠慮はしているものの、「娘につくってやった」とでも言いたげな、満足そうな表情を浮かべていました。

母が私に手料理をふるまってくれたのは、それが最後のことになります。

「母に何かあってはもう取り返しがつかない」

そう悟った私は、弟に母をみてくれるよう頼むことにしたのです。

ほどなく母は、あの世へと旅立ちました。母にとっては、私にいろいろと尽くすことが、生きる目的であり、張り合いにもなっていたのでしょう。

さて、私は「誰に尽くしていこうか？」と考えると、家族がいるわけでもないので、病院の職員や患者さんということになります。

家族や肉親に限らず、「この人のために尽くそう」と思える存在を何人か確保しておくことが、健やかに長生きできるコツです。どんなに物質的に恵まれていたとしても「誰のお役にも立てない」という生き方は、寂しいものですよ。

お役に立つといっても、大したことでなくてかまいません。

仏教では「和顔施《わがんせ》」という言葉があります。

「やさしい微笑みをもって接することで相手のお役に立てる」という教えです。

相手の心をたった1ミリ揺さぶるだけでも、それは立派な「貢献」なのです。


たとえば、年齢を重ねた親御さんへの最良の「尽くし方」「貢献の仕方」を考えてみましょう。

それぞれの生活習慣も環境も異なるので、言い切れない部分はあります。

しかし概して重要なのは、「できることは本人がする」「仕事を取り上げない」ということです。

また、親御さんが何か手伝ってくれたときは「ああ、よかった」「ありがとう」と感謝の気持ちをはっきり示すことです。

親御さんにとって、それ以上の励みはないはずです。

36

「温かい言葉」以外は禁句

他人を思うやさしい言葉を口にすれば、
そこには幸せが訪れます。
温かみのある言葉を、
自分から発していける人を目指したいもの。
温かさの匙加減は、もちろん山盛りでいきましょう。

年齢を重ねたら、外見だけにとらわれすぎてはいけません。

もちろん、清潔な身なりを気にかけて、身の丈に合った装いを工夫して、おしゃれを楽しんでいくことは、何歳になっても大切でしょう。

でもそれだけじゃ、いつまで経っても〝半人前〟だと思うのです。

心の美しさについて、もっと究めていきませんか。

そうは言っても「心の美しさって、何?」といぶかしく感じる方も多いかもしれませんね。私はひとつのものさしとして、「温かい言葉を他人様に贈れる人」こそ、「心が美しい」と称するにふさわしい気がしています。

実際にあったお話を聞いてください。小学校の恩師、D先生の思い出です。


私が小学生の頃、D先生はまだ30代でした。

いつも笑顔で、やさしい雰囲気をたたえていらっしゃる方でした。

それから幾星霜。

30年ほど前に尋常小学校時代のクラス会がはじめて行なわれることになり、D先生と再会した私は、すっかり彼女の魅力の虜《とりこ》になってしまいました。

それは、〝言葉の魔法〟とでもいうべきものでしょうか。

D先生がかけてくださったやさしさあふれる言葉に私の心は大きく揺さぶられ、以来永遠に消えることのない温もりが、ぽっと灯ることになったのです。

当初、クラス会に「D先生が参加してくださる」と聞いたとき、私の心はざわめきました。

D先生と言えば、私の脳裏にはお若い教師時代の美しい姿しかありません。

そのD先生が60年経ち、もう90歳になられたと聞き、正直なところ、お会いするのが怖く感じました。

「やさしく美しかったD先生が、腰の曲がった寂しそうなおばあさんになっていたらどうしよう」、そんな不安が私の中にはあったのです。

ところが、どうでしょう。

実際にお会いしたD先生は、紬の着物をきりっと着こなされ、姿勢も美しい女神のようなお姿だったのです。

D先生と再会したとき、私は感激のあまり、思わずD先生と抱き合ってしまいました。


D先生はゆっくりと、私にこんな言葉をかけてくださったのです。

「あなた、大きくなったわね」

先生から見た私は、まだまだひよっ子に映ったのでしょう。

そのときの私は、もう70代だったというのに……。

そしてD先生は私のおしゃべりに、静かに耳を傾けてくださいました。

私は先生に、死別した母の話をせずにはおれませんでした。

「うちの母は96歳で、ほとんど病気もせずに亡くなりました。死の間際まで、私の面倒をいろいろみてくれたのです。それには助けられましたが、母がいつまでも私のことを娘扱いするのには閉口しました」

D先生はゆっくりとうなずき、微笑みながらこう答えてくださいました。

「あなた、それは大変な親孝行ができたわね。お母さんは、娘のために生きがいがあって、お元気で長生きされたのよ」

このときの言葉は、今でも苦しくなったり疲れたりしたとき、大きな慰めとなってくれています。

60年という時間の流れを飛び越えて、D先生は私に枯れることのない恵みを与えてくださいました。

私も、そんな温かい言葉を相手に贈ることができる人になりたい。

今日も静かに、ひとりでそう願っています。

37
いい歳をして、見返りなんて求めなさんな

「定年」「退職」を突きつけられることは、
身を切られるようにつらいことです。
たとえ引退を余儀なくされたとしても。
その人なりの方法やペースで、
現役に返り咲くことはできるのですよ。

私は2男4女の次女として生まれました。6人きょうだいの上から3番目です。

ここでは弟・由喜雄についてお話ししたいと思います。


由喜雄とは、秦野病院で25年間も一緒に働きました。彼は65歳で現役引退するまで、事務長として勤め上げてくれました。

もともと農林省（現・農林水産省）のお役人さんだったのですが、お願いして退官してもらい、当時まだ小さかった秦野病院に応援にきてもらったのです。

彼は持ち前の実務能力の高さで、秦野病院の基礎を固めて組織づくりに尽力してくれました。

世間的に見れば「しっかり者の弟」ということになるのでしょう。そもそもお役人さんになるほどですから、彼は優秀な人材だったと言えるかもしれません。

けれどもそれとはまったく違う次元で、私は彼の年齢の重ね方を見るにつけ、尊敬せずにはおれないのです。

それは、彼の定年からの生き方についてです。

由喜雄は65歳のとき、目の不調を訴えて、後任と事務長を交代しました。

そして網膜剝離《もうまくはくり》や白内障の手術を受け、視力を取り戻しました。

もしかすると、彼は目の不調がなければ、もっと現場で働きたいと考えていたかもしれません。

眼病を乗り越えた彼は、その後、市営の駐輪場の自転車整理の仕事を始めます。

あるとき、由喜雄はこんな話を楽しげに教えてくれたことがありました。

「仕事を始めた頃は、駐輪場にやってくる若い学生たちに声をかけても、みんな返事をしてくれなくて驚いたものだった。『おはよう』『気をつけて行けよ』などと話しかけても、みんなぼうっとしているんだ。それがどうだろう。数週間も経つと、学生たちから元気な挨拶が返ってくるようになったんだ。この変化はうれしかったね」

そう話してくれる由喜雄の笑顔は、自信と充実感に満ちあふれていました。

いくばくかのお給金もいただけるそうです。

もちろん人様から見ると、それはささやかな幸せかもしれません。

ですが私にとって由喜雄の存在は大きな喜びであり、励ましでもありました。


由喜雄の「コミュニケーションを大切にする姿勢」は、彼の人柄のすべてだと思います。その利他的な態度は、わが弟ながらなんと清々しいものでしょうか。

たとえ返事がなくても、めげずに周囲に声をかけ続ける。

見返りは期待せずに、誰かの幸せをひたすら希《こいねが》う。

ちょっと大げさに思われるかもしれませんが、そんな姿勢で過ごせることこそ、人として本当に幸せなことなのです。

38

「仕える喜び」を忘れている人が多すぎる

物質的に恵まれていることは、幸せのひとつ。
日々それなりに、楽しく過ごせていることだって、
かけがえのない幸せのひとつ。
でも、「誰かのお役に立てている」と
実感できることこそ、最上級の幸せです。

私は20代の一時期、中国・青島で過ごしました（32ページ参照）。現地の人たちにも温かく受け入れられ、不自由せず暮らすことができました。ですがそこで日本人牧師の清水安三先生と出会い、人生観が変わりました。

清水先生との邂逅《かいこう》のあと、私は今までいかに恵まれた境遇で生きてきたかということに気づきました。「同じ地球上に、大きな苦しみを抱えながら過ごしている人も多くいる」という現実を直視するようになったのです。

そして、社会貢献を願うなら〝より苦しい人〟のために尽力するのが本筋だと考えるように至りました。

そう気づけたことは、私にとっての〝回心《かいしん》〟でした。回心とは「神の道へ心を向ける」という意味の言葉です。

私の好きな聖書の箇所を、ひとつご紹介させてください。それは「放蕩《ほうとう》息子のたとえ」です。

新約聖書「ルカによる福音書」にある逸話で、画家レンブラントによる名画も残っている〝回心〟にまつわるあまりに有名なお話です。


2人の息子がいました。あるとき、弟が「父の財産の自分の取り分を先に分けてほしい」と父に頼みます。父は弟の言うとおりに財産を分けてやります。弟はそのお金を持って遠くの国へ旅立ち、放蕩の限りを尽くし、あっという間に分与された財産を使い果たしてしまいます。すると、お金があるときは仲良くしてくれた取り巻きの人たちも、姿を消してしまいます。

ちょうどその頃飢饉《ききん》が起こり、食べものに困った弟は豚の世話人として働くようになります。しかし、ひもじい暮らしが続きます。やがて弟は「豚の餌のイナゴ豆でもいいからお腹を満たしたい」とまで思い詰めるようになります。

ここから先は聖書を引用してみましょう。

そこで、彼は我に返って言った。『父のところでは、あんなに大勢の雇い人に、有り余るほどパンがあるのに、わたしはここで飢え死にしそうだ。ここをたち、父のところに行って言おう。「お父さん、わたしは天に対しても、またお父さんに対しても罪を犯しました。もう息子と呼ばれる資格はありません。雇い人の一人にしてください」と。』

そして、彼はそこをたち、父親のもとに行った。ところが、まだ遠く離れていたのに、父親は息子を見つけて、憐《あわ》れに思い、走り寄って首を抱き、接吻した。息子は言った。『お父さん、わたしは天に対しても、またお父さんに対しても罪を犯しました。もう息子と呼ばれる資格はありません。』

しかし、父親は僕たちに言った。『急いでいちばん良い服を持って来て、この子に着せ、手に指輪をはめてやり、足に履物を履かせなさい。それから、肥えた子牛を連れて来て屠《ほふ》りなさい。食べて祝おう。この息子は、死んでいたのに生き返り、いなくなっていたのに見つかったからだ。』

そして、祝宴を始めた。

（出典：日本聖書協会『聖書　新共同訳』ルカによる福音書15章17節〜24節、１９８７年）


このたとえ話には、多くの解釈があります。

放蕩息子（弟）のことを「都合のいい生き方」と、批判的にとらえる見方もあるかもしれません。

しかし、この放蕩息子が〝回心〟を経て「雇い人の一人にしてください」と頭を下げたところは、感動的な場面に違いありません。

私はこの「雇い人の一人にしてください」という聖句に感銘を受けてから、今もよく心の中で反芻《はんすう》しています。

このような心境で真摯に生きていくことができれば、悔いはないはずです。

39
言葉にしないと、やさしさは伝わらない

どんなにやさしい心も、言葉や行動にしないと、相手に伝わりにくいもの。下手をすると、相手から見たあなたは「やさしさゼロ」と映るかもしれません。

具体的な行為でやさしさを表現していけば、人間関係は一層豊かになりますよ。

立派なお仕事をされている名士のOさんが相談にみえました。

名門の男子校に通う高校生の息子さんがシンナー遊びをしているところを発見され、驚いて私のところに駆け込んでこられたのです。

Oさんは息子さんについて、詳しく話してくれました。


息子さんは高校入学後、「本当は男女共学の高校に通いたかった」という理由でOさんと対立されたようです。

「悪い遊びを始め、勉強が手つかずになり、自宅では流行の、ガチャガチャと騒々しい音楽を大音量で流し、手に負えない」という様子でした。

そこでたまりかねたOさんが「男子校が気に入らないなら、やめてしまえ！」と怒鳴ったところ、それ以来学校を休むようになってしまったそうです。

それからOさんは、息子さんのことで奥さんを咎《とが》めたり、なじるようにもなってしまい、「これからどうすればよいのか」と途方に暮れているとのことでした。

私は今までこのような思春期の子どもさんの相談を多く受けてきました。そこに共通するのは「若い人の問題は解決しにくい」ということです。Oさん親子のケースも正直なところ、お手上げのように感じました。

ただ、Oさんは息子さんのことを真剣に愛し、行動しようとされています。そこに突破口があるように思えました。

私は次のようなことを提案してみました。

「息子さんが好む音楽はガチャガチャと騒々しく聴こえるかもしれません。でも〝修行〟だと思って、一度一緒にその音楽を聴いてみてはどうでしょうか？」

「息子さんが学校に行かないと言うのなら、時間は十分あるはずです。お父さんも時間をつくって、おいしいものでも一緒に食べに行かれてはどうでしょうか？」

「時には息子さんと一緒に、遊びに出かけてはどうでしょうか？」

Oさんは「試してみます」と言い残して診察室を出ていかれました。

その後数か月して、Oさんの息子さんはまた高校に通い始めたと、報告をいただくことができました。

Oさんのように「家族を大事に思う気持ち」は、誰にでもありますね。「家族を助けたい」「家族を喜ばせたい」という気持ちは、人としての本能に近い気持ちです。その動機は善であり、美しいものです。

ですが実際のところ、心の中で家族を大事に思うだけでは、なかなか相手に真意を伝えることはむずかしいものなのです（亡くなられた方は別です）。

ささいなことでもよいので、言葉や行動で愛情を示していく癖を身につけていきましょう。

もちろん、この話は家族間だけにとどまりません。

大事な人が生きている限り、言葉や行動で愛情を伝えていくことができれば、それは充実した人生に間違いありません。

40
突然の電話は「別れ」の挨拶かも？

「突然の電話が、その人との最後の会話だった」

そういう事態も、年齢を重ねると起こるようになります。

これは、悲しいけれど本当のこと。

だから、不意打ちのような言葉ほど、
ぼんやりと受け流してしまってはいけないのです。

人生には、悔やんでも悔やみきれない出来事が突如として起こるものです。
それがもし、自分自身で完結するような質の問題である場合、「あのときは仕方がなかった」と軽く受け流すこともできるのでしょうが、他人様がからんでいるような出来事の場合は、悔恨の情は長く尾を引くことになります。

取り返しがつかないことをくよくよと悩んでも仕方がないのですが、それが人間の心というもの。
お悩みを抱える人の数が少しでも減りますように、私の実体験をお話ししてみましょう。

私の過去最大の後悔のひとつに、女性患者のSさんのことがあります。
医師をしていると、患者さんから突然連絡をいただくことは珍しくありません。

ある日、Sさんから電話がありました。

それは診察が終わった夕方のことでした。

電話越しに、Ｓさんはいつもと同じ声の調子でこう言いました。

「先生、私は名古屋に来ているんです。どうしていいのかわからないんです」

「いったいどうしたの、どこからかけているの？」

「今、ホテルにいるんです」

「ともかくすぐに帰っていらっしゃい。すぐにいらっしゃい」


その後、Ｓさんはすぐに電話を切りました。

私は突然の出来事に、何が起こっているのかよく理解できず、「まあいいか。また外来に来てくれるだろう」と軽く見て、片づけに戻りました。

そして間もなくＳさんがホテルの４階から飛び降りたということが、あとになってわかったのです。

Ｓさんはひどいけがを負いましたが、幸い命に別状はありませんでした。

それから私は、こういった患者さんからの電話対応のむずかしさと重大さについて、ますます慎重に考えさせられるようになりました。

「あの電話を受けたとき、なぜ私は、機転を利かせて適切な対応や説得ができなかったのか」

そんな忸怩《じくじ》たる思いは数年間も尾を引きました。

やがて私は「いのちの電話」というホットラインサービスの専門相談員の仕事を、ボランティアとして引き受けるに至ります。

「ボランティアだなんて殊勝なこと」と思われるかもしれません。

ですがそれはSさんに何もできなかった私の、罪滅ぼしなのです。

このように未熟な私ですが、ひとつ皆さんにお願いしたいことがあります。

身の回りの人から急に話しかけられたり、突然の電話があったり、何らかの接触があったとき。

決してぞんざいに接せず、ちょっと向き合ってみてあげてほしいのです。

もしかすると「何か変だな」と感じ取れることがあるかもしれません。


私たちは所詮、ひとりで生き、ひとりで逝くものです。

でも、その途中でふと寂しくなって、ご縁のあった人の声を聞きたくなったりもします。

生き急ぐ相手を助けることはできなくても、その心を一瞬癒すことならできるかもしれません。

「人生は一期一会」などと言ってしまうと軽くなりますが、誰かから言葉を投げかけられたら誠実に向き合い、真摯に答えるようにしましょう。

そうすれば、後悔にさいなまれる回数はうんと少なくできるはずです。

おわりに

本書を最後までお読みくださって、ありがとうございました。

あなただけの「匙加減」は見つかりましたか？

何かひとつでも、「こんな匙加減がいいかもしれない」と思いついてくださったら。そのことで、たとえ1ミリでも心を上向きにしてくださったら。

私にとってこれ以上の喜びはありません。


頑張りすぎず、自分を甘やかせすぎず。

我慢しすぎず、他人を頼りにしすぎず。


このような匙加減を見極める眼力こそ、大人に必須の力です。

100年生きてきて、思うのは匙加減の大切さです。「生きていく」とは、この匙加減を見極めていく営みにほかなりません。

現在、世の中にはさまざまな健康情報が流布しています。「○○健康法」「○○食事法」などが、本当に幸せな健康長寿を担保してくれるものでしょうか？

そのような健康法ばかりを追ってしまう心に、何か問題はないのでしょうか？どうか、あなたにちょうどいい匙加減を見つけていってほしいと思います。

匙加減を見極めるときは、遊び感覚で、まるでゲームを楽しむような感覚でよいのです。

そのような姿勢が、あなたの人生を、より豊かで深みのあるものへと変化させてくれるでしょう。

髙橋幸枝（たかはし・さちえ）

1916年11月2日、新潟県生まれ。新潟県立高田高等女学校を卒業後、東京で、海軍省のタイピストとして勤務。退職し、中国・北京にて、日本人牧師のもとで秘書として働く。医学部受験を決意し、帰国。福島県立女子医学専門学校に入学、卒業後は、新潟県立高田中央病院に勤務。

1953年に東京都町田市の桜美林学園内に診療所を開設。その後、1966年に神奈川県秦野市に「秦野病院」を開院し、院長に就任。現在も「秦野病院」「はたの林間クリニック」「子どもメンタルクリニック」「はたのホーム」「就労移行支援事業所りんく」などを運営する医療法人社団秦和会理事長を務める。

著書に『小さなことの積み重ね』（マガジンハウス）などがある。

100歳の精神科医が見つけた
こころの匙加減

2016年9月16日　第1刷発行
2018年4月7日　第15刷発行

著　者　髙橋幸枝
発行者　土井尚道
発行所　株式会社飛鳥新社
〒101-0003　東京都千代田区一ツ橋2-4-3 光文恒産ビル
電話03-3263-7770（営業）　03-3263-7773（編集）
http://www.asukashinsha.co.jp

装　丁　石間　淳
装　画　太田裕子
編集協力　山守麻衣

印刷・製本　中央精版印刷株式会社

ISBN978-4-86410-512-5

編集担当　江川隆裕